알토 색소폰 어드벤쳐

Lesson Book 2

by Ned Bennett 중급용

A New Tune A Day

This book © Copyright 2006 Boston Music Company,
a division of Music Sales Limited

Edited by David Harrison
Music processed by Paul Ewers Music Design
Original compositions and arrangements by Ned Bennett
Cover and book designed by Chloë Alexander
Photography by Matthew Ward
Models: Matthew Deacon and Fran Roper
Backing tracks by Guy Dagul
CD performance by Ned Bennett
CD recorded, mixed and mastered by Jonas Persson and John Rose
www.musicsales.com

music tree

goals:

1. 낮은 C♯음
2. 16분음표와 16분쉼표

낮은 C♯음

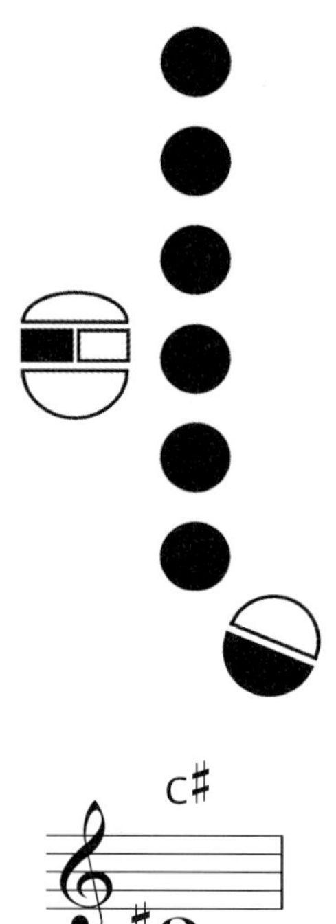

연습 1.

좋은 음색을 내기 위해서는 낮은 음을 내는 연습을 꾸준히 해야 합니다.
3초 동안 깊게 숨을 들이마시고 5~10초 동안 음을 지속하세요.

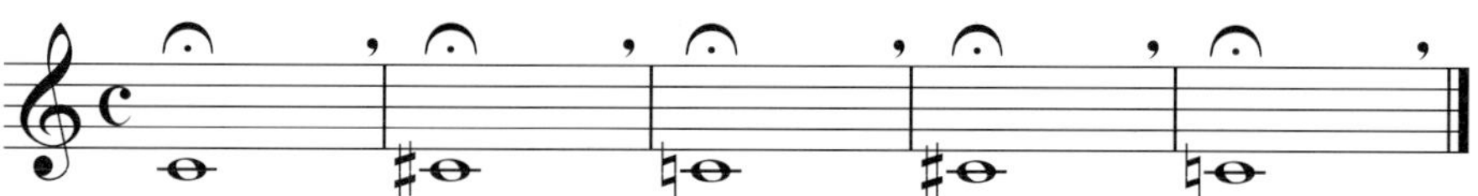

16분음표와 16분 쉼표

지금까지는 4박 (온음표), 2박 (2분음표), 1박 (4분음표), 그리고 반 박 (8분음표) 길이의 음표들을 배웠습니다.
16분음표는 4분음표의 1/4, 8분음표의 1/2 길이입니다.

16분음표와 16분쉼표

16분음표 4개는 4분음표
1개와 같습니다.

4/4박자 한 마디 안에 들어가는 16분음표

연습 1. 두 배씩 빠르게!

너무 빠른 속도로 시작하지 말고, 일정한 박을 유지하세요.

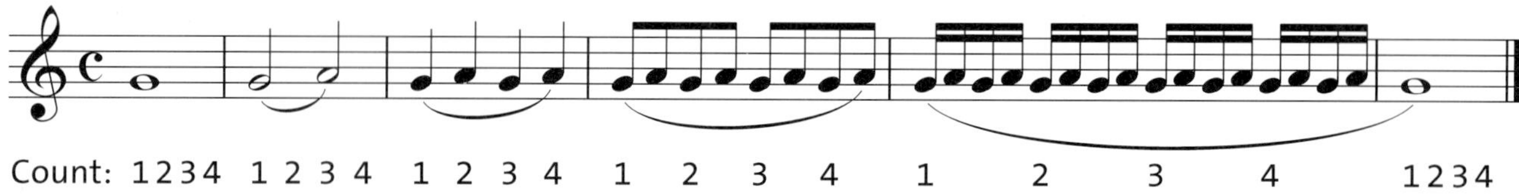

Count: 1234 1 2 3 4 1 2 3 4 1 2 3 4 1   2   3   4   1234

연습 2. 3박자 연습

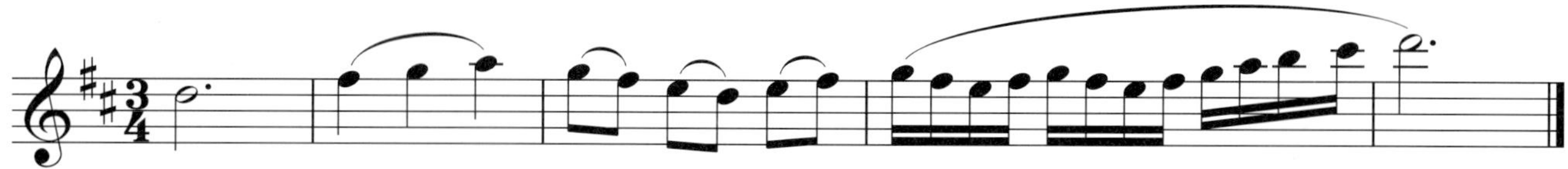

레슨 21을 위한 연주곡

Ballad (발라드)

Ned Bennett

발라드는 느린 재즈곡입니다. 8분음표를 스윙 리듬으로 연주하지 마세요.

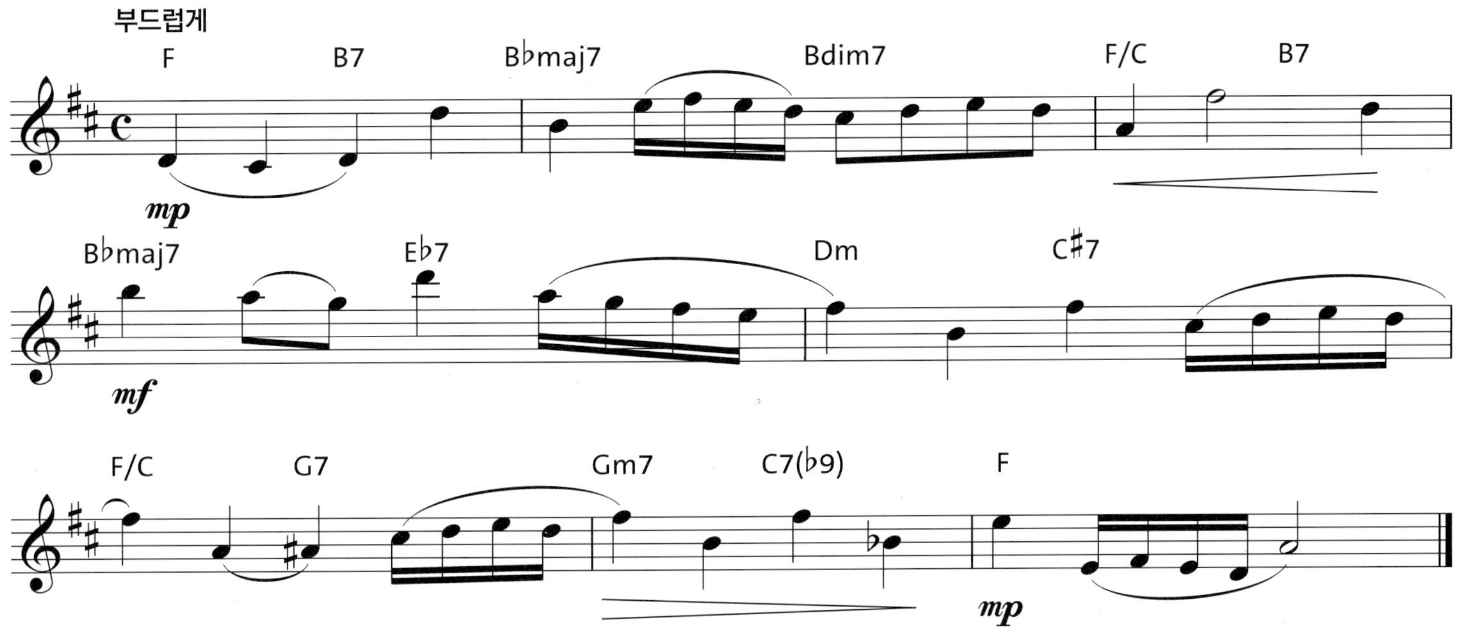

Surprise Symphony (놀람 교향곡)

Haydn

'놀람'은 마디 8에 나옵니다. 전해지는 이야기에 따르면, 에스테르하찌 공작이 가끔 졸면서 연주를 듣는다는 것을 안
하이든이 공작을 깨우기 위해 일부러 갑자기 큰 소리가 나는 음을 써 넣었다고 합니다.

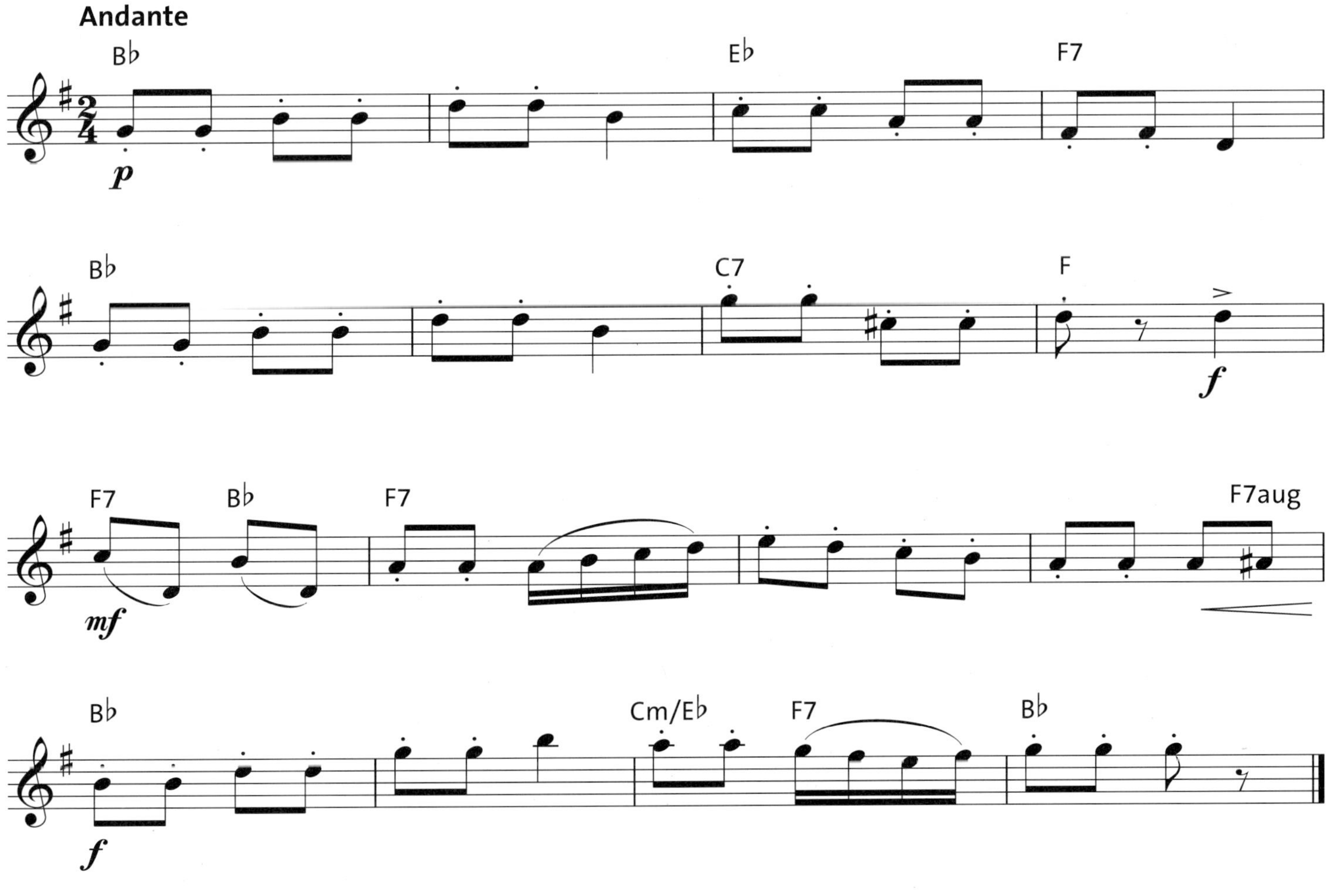

Dracula's Dance (드라큘라의 춤)

Ned Bennett

16분음표는 처음에는 부담스러울 수 있습니다. 모든 음표를 템포에 맞게, 천천히 연주하세요.

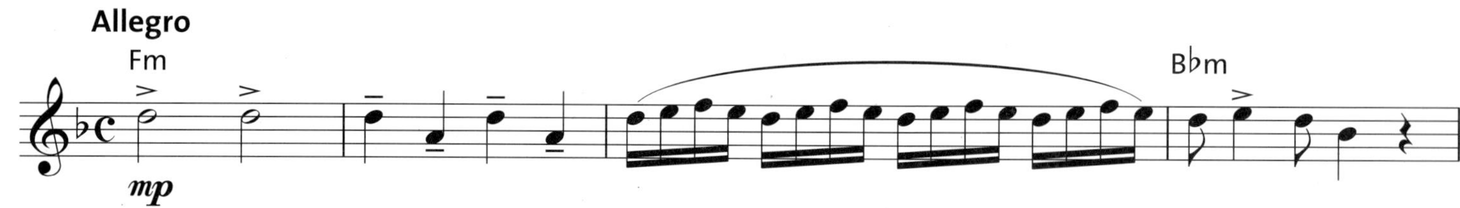

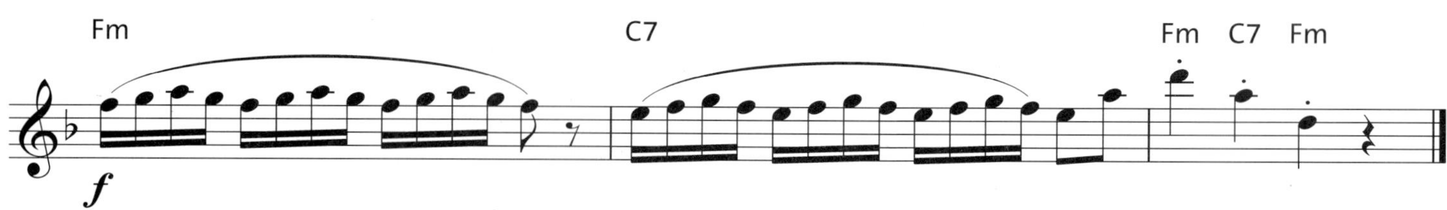

goals:

1. 낮은 B음과 낮은 B♭음
2. 16분음표 리듬 패턴
3. 아티큘레이션과 빠르기말

낮은 B음과 낮은 B♭음

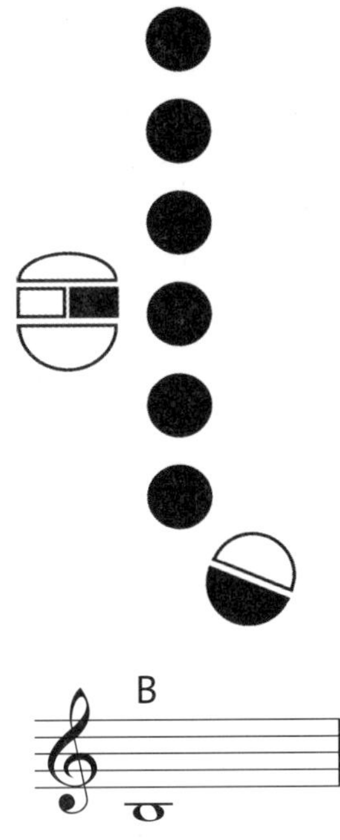

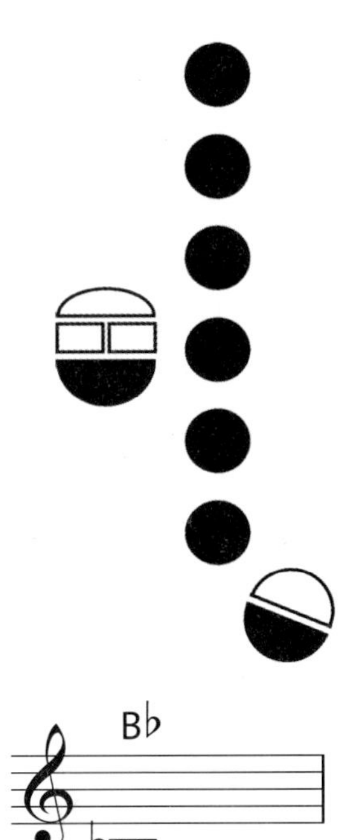

연습 1.

새끼손가락의 위치를 익히고 힘을 기르는 연습입니다. 낮은 음을 연주할 때는 항상 목구멍을 열고 호흡하세요.

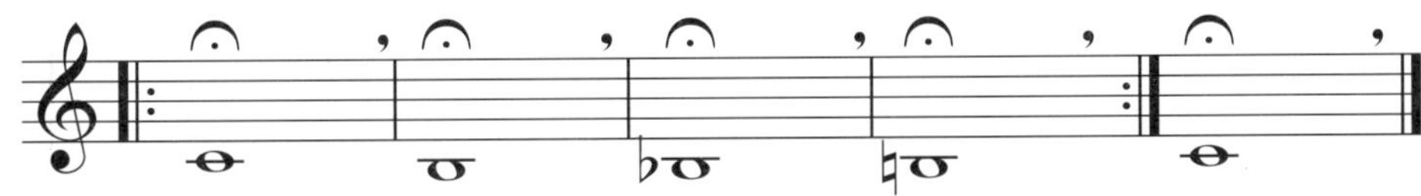

> **Tip**
>
> 작게 연주해보고, 또 크게 연주해보며 소리의 크기를 조절하는 연습도 함께 하세요.

레슨 21의 곡들에서는 16분음표가 항상 4개씩 묶여 있었습니다. 이번에는 새로운 리듬 패턴을 연습해보세요.

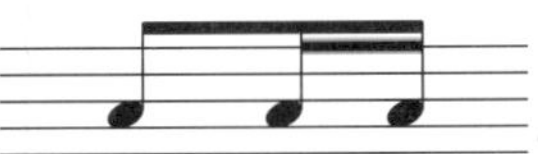

왼쪽의 리듬 패턴들은 음을 하나씩 세는 것보다는, 리듬에 맞는 단어를 붙여 생각하면 쉽습니다.

연습 2.

연습 3.

연습 4.

레슨 22를 위한 연주곡

7

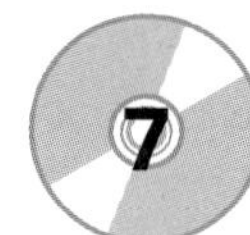

Simple Gifts (작은 선물)

Joseph Bracket Jr.

8-9

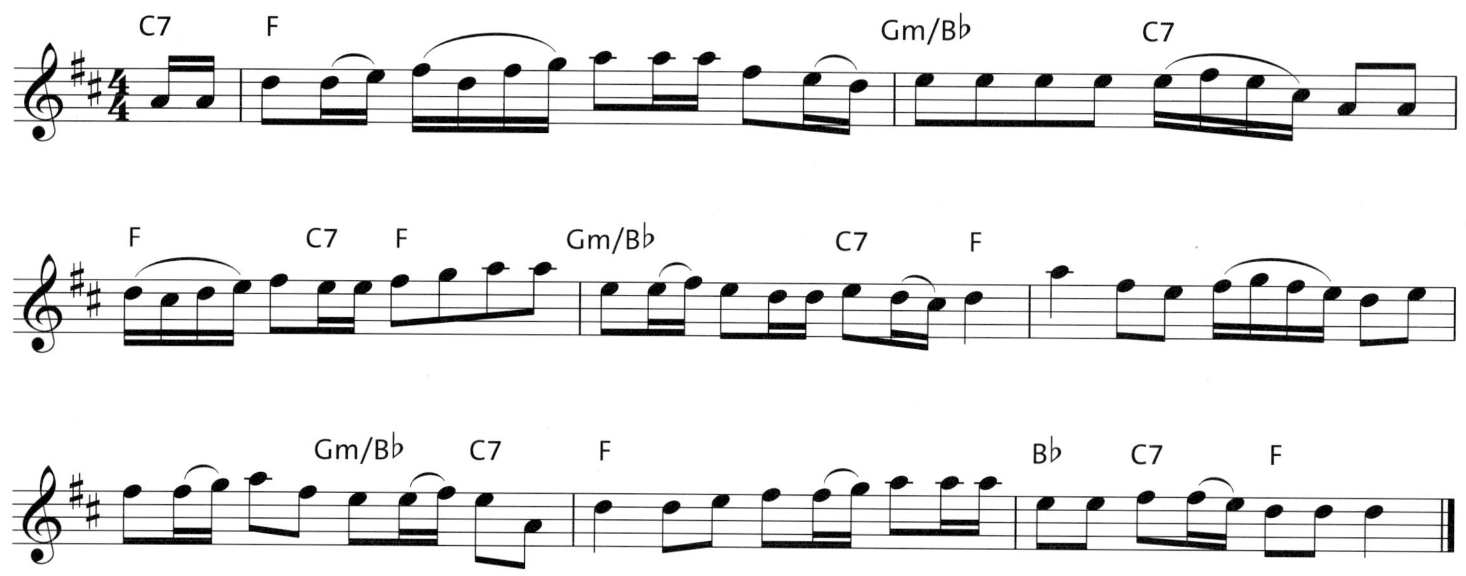

Frith Street Rag (프리스 거리의 래그)

Ned Bennett

꼬리가 묶인 리듬을 하나의 단어처럼 패턴으로 읽어보세요.

보통 빠르기로

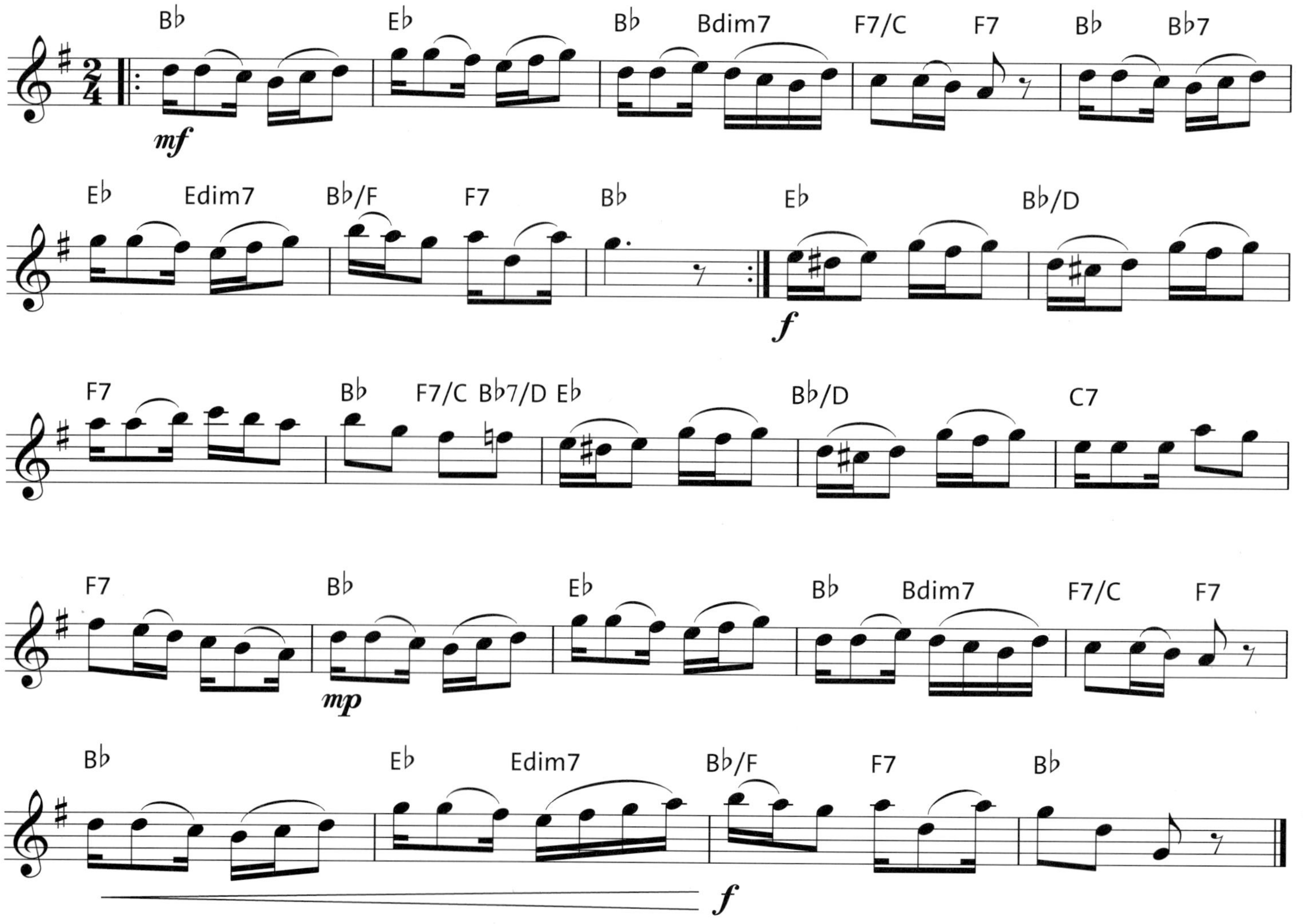

Dance Of The Swans (작은 백조의 춤)

Tchaikovsky

* 아티큘레이션과 빠르기말

이 곡에는 스타카토, 테누토 (tenuto), 악센트 (accent) 등 다양한 아티큘레이션 기호가 있습니다.
이 기호들은 곡의 시작부분에만 있지만, 기호가 없는 뒷부분에서도 똑같이 연주해야 통일성이 생깁니다.

Allegretto (알레그레토)는 '작은 알레그로'라는 뜻으로, 안단테와 알레그로의 중간 템포입니다.

테누토: 한 음의 길이를 충분히 내는 것

악센트: 음을 강조하여 연주하는 것

* 아티큘레이션: 음을 어떻게 연주해야 하는지 표시해주는 기호

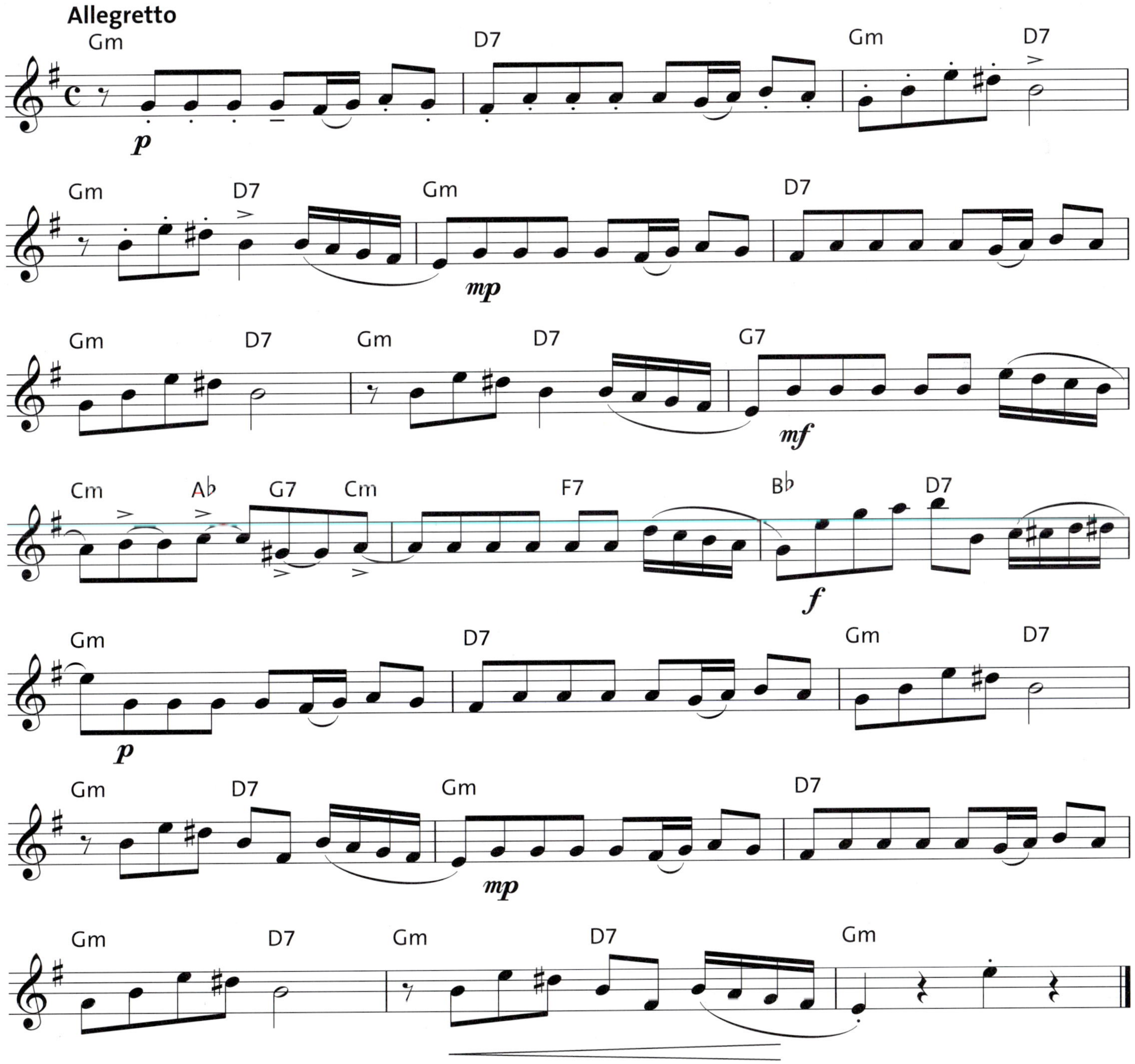

goals:

1. 부점 리듬
2. 다양한 음계 연습법
3. 스카치 스냅

부점 리듬

'부점 리듬'은 매우 자주 사용되는 리듬입니다. 그 중에서도 특히 점8분음표 뒤에 16분음표가 나오는 리듬이 자주 사용됩니다. 점8분음표는 16분음표 3개와 같으므로 이 두 음표를 합하면 1박이 됩니다 (4분음표 하나).

부점 리듬에서 첫 음은 뒤의 음 3배 길이입니다.

연습 1.

부점 리듬에서는 3:1의 비율을 유지하는 것이 중요합니다. 정확한 비율을 유지하지 않으면 느긋한 스윙 리듬처럼 (2:1 비율) 들리게 됩니다.

연습 2.

아래의 음계들을 일정한 템포로 연습하세요. 부점 리듬은 텅잉과 손가락의 움직임이 조화를 이루는 데 도움이 되기 때문에 전문 연주자들도 음계를 부점 리듬으로 연습합니다.

스카치 스냅 (Scotch snap)

스카치 스냅은 부점 리듬과 반대로 16분음표가 앞에 오고 점8분음표가 뒤에 오는 리듬입니다.

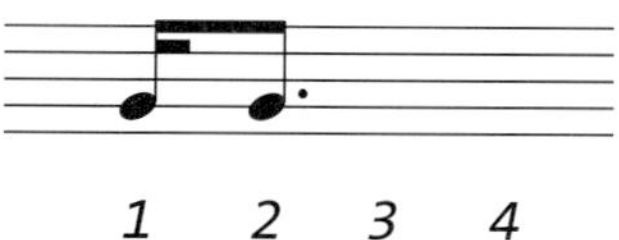

F장조 음계를 기초로한 스카치 스냅 연습입니다. F장조로 연습한 다음에는 G장조, D장조, C장조로도 연습해보세요.

레슨 23을 위한 연주곡

Prelude (프렐류드)

Chopin

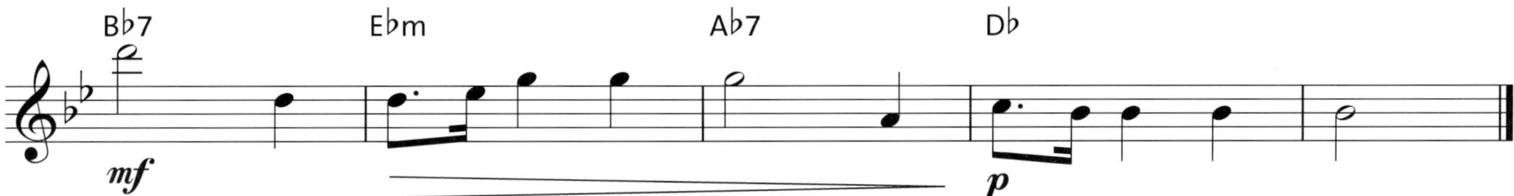

Loch Lomond (* 로몬드 호수)

스코틀랜드 민요

스카치 스냅을 조심하세요!

레슨 23을 위한 연주곡

Humoresque (위모레스크)

Dvořák

이 곡에서는 부점 리듬이 2박 단위로 묶여 있습니다. 스윙리듬처럼 연주하지 않도록 주의하세요.
부점 리듬은 가볍고 정확하게 연주하세요.

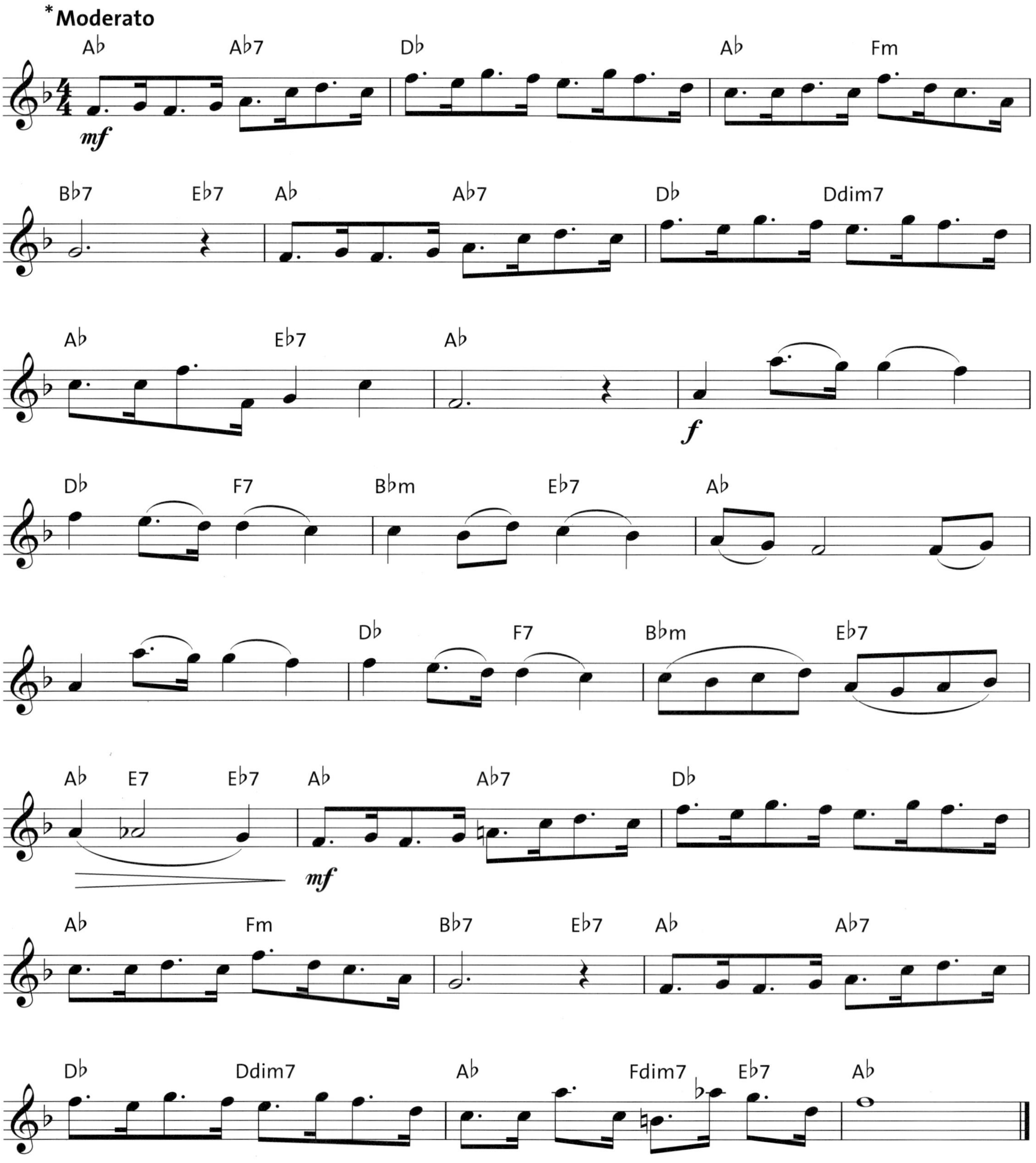

* Moderato (모데라토): 보통 빠르기로, 걷는정도의 속도로

goals:

1. 정확한 음으로 연주하기
2. $\frac{6}{8}$박자 곡에서 16분음표 연주하기

정확한 음으로 연주하기

어떤 악기를 연주하건, 전문 연주자들은 악기의 아주 작은 변화에도 민감합니다.
이제부터는 전문 연주자처럼 색소폰의 세세한 부분들에 집중해보세요.

색소폰은 저절로 정확한 음정이 나는 악기가 아니기 때문에 연주하면서 음정을 조절해야 합니다.
연주하면서 입모양을 조절하면 미세하게 음을 올리거나 내릴 수 있습니다.
생각하지 않고 자동으로 입모양을 조정하여 음을 맞출 수 있어야 합니다.
그렇지 않으면 연주하는 동안 생각할 것들이 너무 많아집니다.

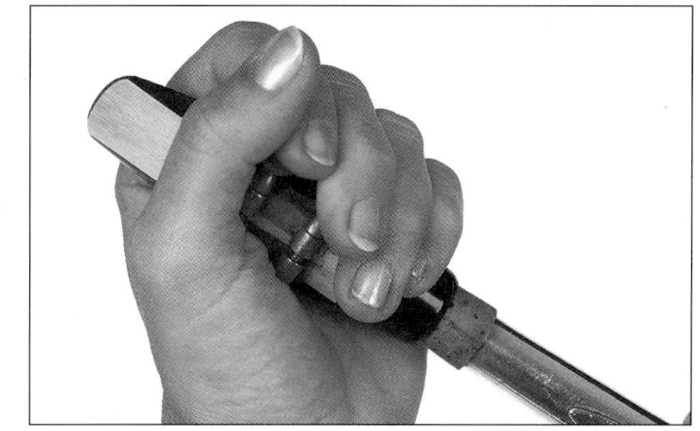

연습 1.

연주를 시작하기 전에 항상 손의 온기로 악기를 따뜻하게
해주세요.

F#음을 길게 불면서 CD의 튜닝음과 같은지 비교해보세요.
(피아노에서는 A음입니다). 음이 높은 것 같으면 마우스피스를
조금 빼세요. 음이 낮은 것 같다면 반대로 마우스피스를 조금
밀어 넣으세요. 이렇게 악기의 음을 맞추는 것을 튜닝(tuning),
또는 조율이라고 합니다.

F#음을 맞췄으면 이제 일정한 템포를 유지하며 아래 악보를
연주해보세요. 연주하면서 모든 음이 CD나 피아노와 같은지 잘 들어보세요.
조율이 맞으면 맑게 울리는 소리가 날 것입니다. 음이 높거나 낮으면 불편하고 귀에 거슬리는 소리가 날 것입니다.

높은 음을 연주할 때는 턱을 조금 내려 음을 낮춰야 할 수도 있을 것입니다. 이럴 때는 횡격막에 힘을 더 주면 분명한 소리를
내는 데 도움이 됩니다.

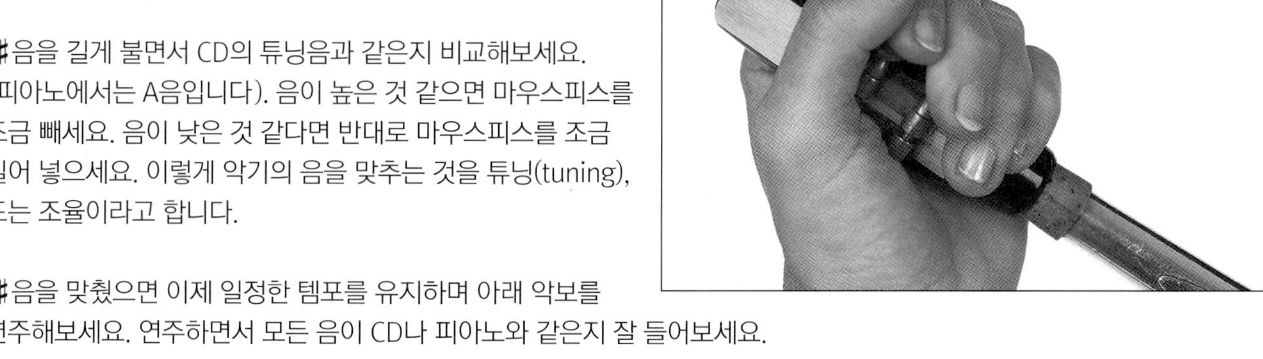

정확한 음으로 연주를 한다는 것은 음을 하나하나 조율한다는 뜻입니다.
좋은 음정으로 연주하기까지는 시간이 걸립니다. 연습 1을 최소한 주 3회 연습하세요.

Lesson 24

⁶⁄₈ 박자 곡에서 16분음표 연주하기

⁶⁄₈ 박자 곡에서 1박을 만들 수 있는 리듬들입니다. 앞에서와 마찬가지로 A부터 J까지의 리듬을 한 단어처럼 덩어리로 생각하고 익혀보세요.

연습 2. 리듬 연결하기

A부터 J까지의 리듬 중 8개를 무작위로 골라 다음과 같이 악보에 그려보세요. 각 패턴은 8분음표 3개와 길이가 같으므로 전체 길이는 ⁶⁄₈ 박자 네 마디가 될 것입니다. 리듬을 악보에 그렸으면 손으로 리듬을 쳐보세요.

레슨 24를 위한 연주곡

Greensleeves (푸른 옷소매)

영국 민요

⁶⁄₈ 박자 부점 리듬을 연습하기에 좋은 선율입니다. 높은 음이 잘 맞는지 들으며 연주해보세요.

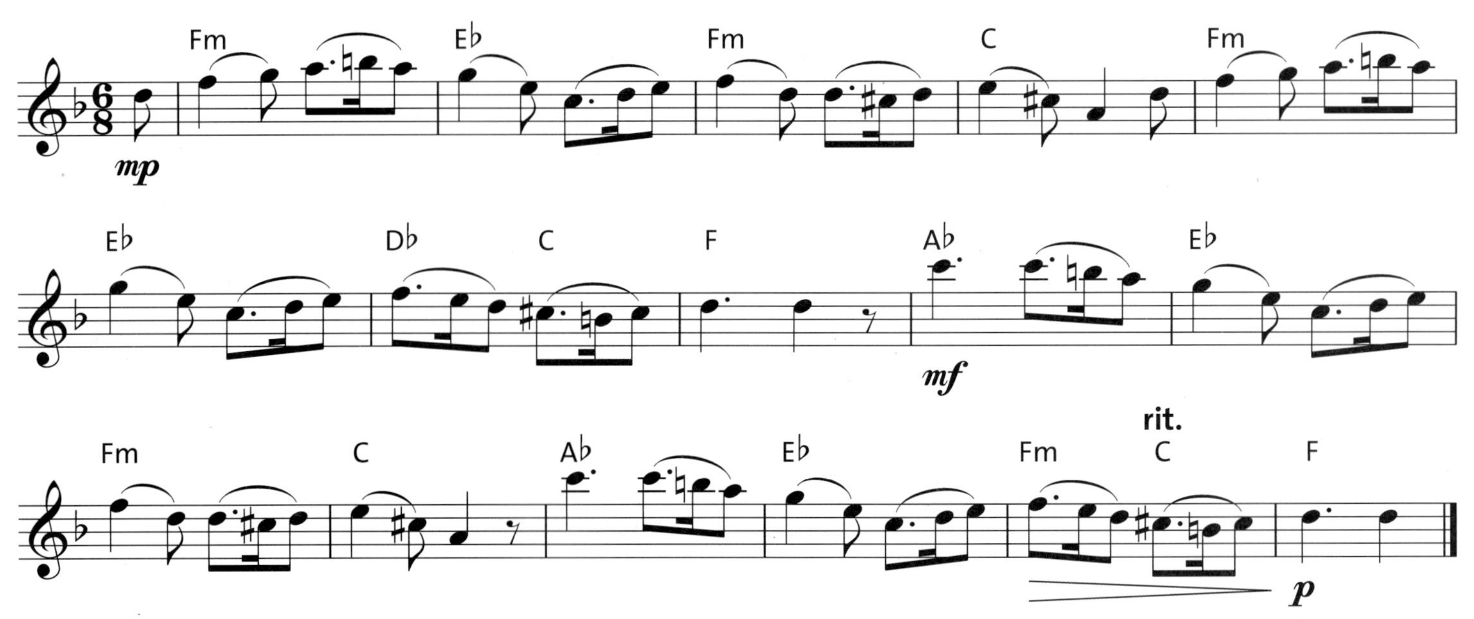

레슨 24를 위한 연주곡

Lillabullero (릴라불레로)

17세기 곡

18-19

최근까지 BBC 월드서비스의 시그널 음악으로 사용된 곡입니다.

Allegro Moderato (알레그로 모데라토)

Justano Bardi

20-21

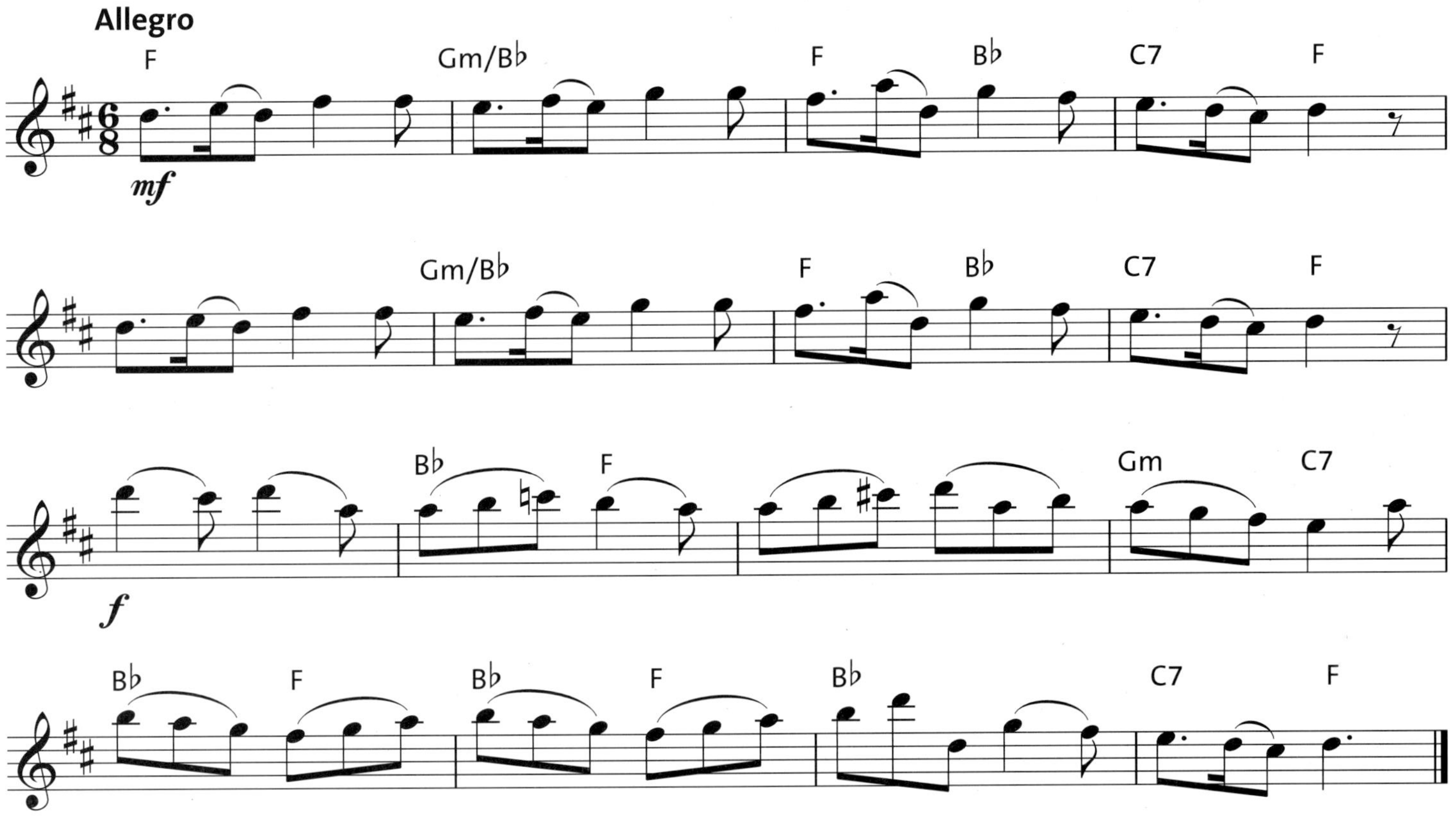

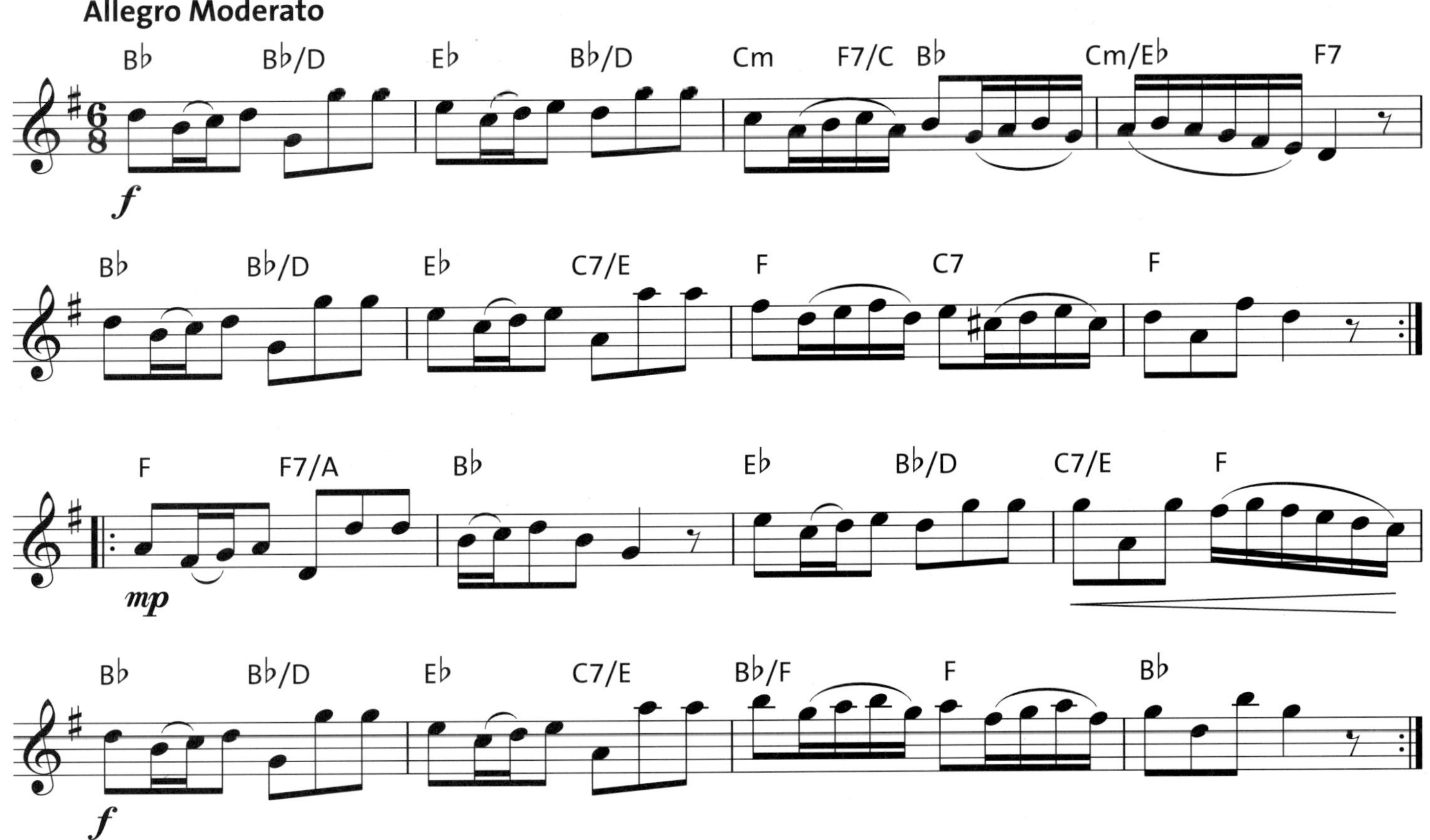

goals:

1. 반음계
2. 이중주로 음정 연습하기

반음계 (Chromatic scale)

Chromatic은 색을 입혔다는 뜻입니다. 반음계는 연주할 수 있는 모든 음으로 색채를 더 한 음계입니다.
반음 음계의 모든 음은 반음 간격으로 배열되어 있습니다.

연습 1.

G음으로 시작하는 1옥타브 반음계를 연습해보세요. 어디에서 사이드 B♭ 운지법을 사용하는 것이 편한 지 찾아보세요.

연습 2.

이제 E음으로 시작하는 반음계를 연습해보세요.

반음 음계는 어떤 음에서 시작해도 구성음이 같기 때문에 모든 음에서 시작할 수 있습니다.

연습 3.

높은 음을 연습할 수 있는 반음계입니다. 천천히 여러 번 반복하세요.
손가락은 가능하면 많이 움직이지 말고 항상 음정을 들으며 연주하세요.

연습 4.

이번에는 낮은 음을 연습할 수 있는 반음계입니다.
새끼손가락의 힘이 필요한 연습입니다. 매우 어려우니 인내심을 가지고 천천히 여러 번 연습하세요.

레슨 25를 위한 연주곡

When And Where (언제 어디에서)

Ned Bennett

윗단과 아랫단 모두 익혀보세요. 이중주를 연주하기 위해서는 정확한 음으로 연주하는 것이 아주 중요합니다.
반음계가 나오는 부분을 조심하세요.

22-23

Spring Song (봄의 노래)

Mendelssohn

24-25

Entry Of The Gladiators (검투사의 등장)

Fučík

먼저 인내심을 가지고 천천히 연습하세요. 천천히 연습하고 나면 원래의 빠르기로 멋지게 연주 할 수있게 될 것입니다.

1. 블루스음계
2. 즉흥연주

3. D.C. al coda (다 카포 알 코다)

블루스 음계

Tip

허디 레드베터
（Huddie Ledbetter）

미국의 블루스 음악가.
리드벨리（Leadbelly）라는
이름으로 더 잘 알려져 있다.

블루스는 20세기 초 미국 남부에서 시작된 음악입니다.

원래 블루스 뮤지션들은 기타를 치며 노래하는 사람들이었습니다. 그러다가 1920
년대부터 피아노, 색소폰, 트럼펫 등 여러 재즈 악기들로 연주하기 시작했습니다.

블루스 선율은 블루스 특유의 소리를 만들어주는 블루스 음계를 사용합니다.

연습 1.

블루스 음계 역시 여러 가지 조로 연주할 수 있습니다. 다음은 G 블루스 음계입니다.

연습 2.

블루스 음계가 어떤 소리를 내는지 연주해보세요.

즉흥연주

즉흥연주는 블루스나 재즈에서 아주 중요합니다.
즉흥연주란 음악가가 연주를 하는 동안 선율을 즉흥적으로 만들어내는 것을 말합니다.
블루스 음계를 사용하면 블루스 즉흥연주를 쉽게 할 수 있습니다.

연습 3.

악보를 보지 않고 연주할 수 있을 정도로 G 블루스 음계를 연습했나요? 그러면 아래의 네 마디를 연주해보세요.
음표가 보이지 않는다고요? 그렇다면 연주를 하면서 즉시 선율을 만들어보세요.
항상 일정한 템포를 유지하세요.

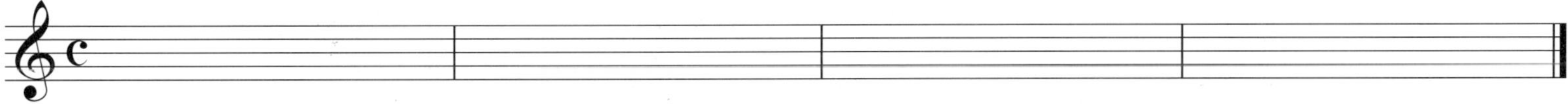

레슨 26을 위한 연주곡

26-27 *Holy-Moly Blues* (홀리몰리 블루스)　　　　　　　　　　　　Ned Bennett

음표가 있는 마디는 그대로 연주하고 빈 마디는 즉흥연주해보세요. 즉흥연주를 할 때는 G 블루스 음계를 사용하세요. 마디 안의 사선 (/) 하나는 1박을 의미합니다. 어떤 선율을 연주해야 할지 떠오르지 않을 때는 바로 앞 마디를 반복하거나, 아예 연주를 하지 않아도 됩니다. 쉼표는 모든 음악에서 아주 중요한 부분입니다!

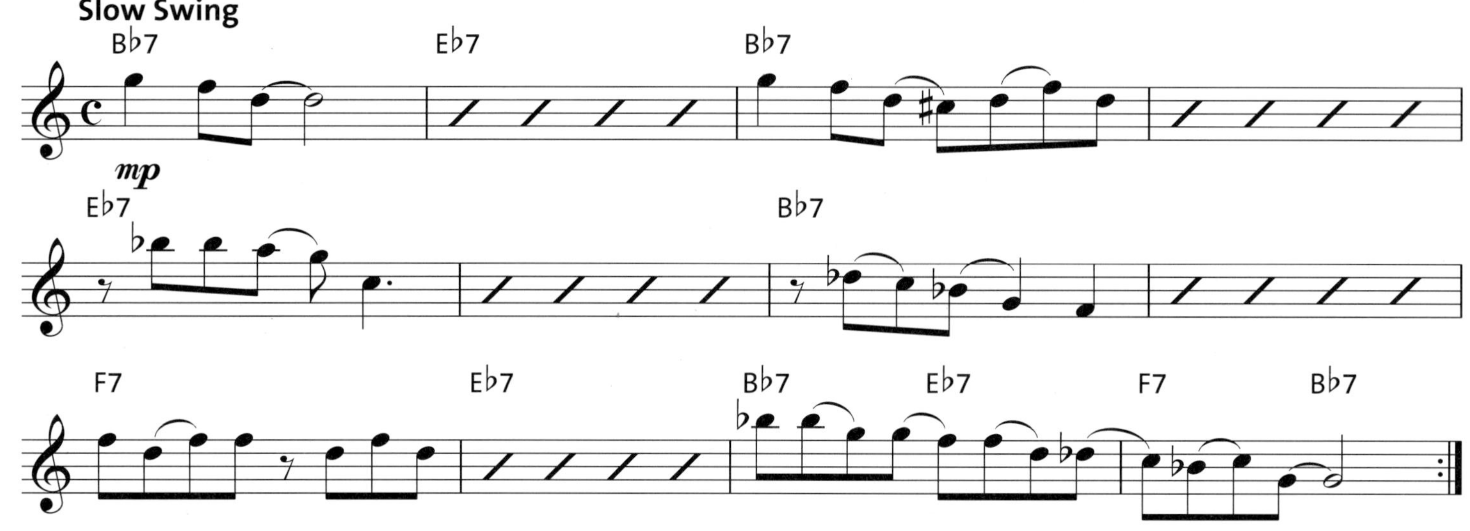

28-29 *Play This Funky Music* (펑키하게 연주해요)　　　　　　　　　　Ned Bennett

* 펑크 (Funk)는 블루스와 비슷하지만 보다 현대적인 음악 장르입니다. 8분음표는 스윙하지 않고 악보대로 연주하세요. 즉흥연주가 끝난 뒤에 D.C. al Fine를 잊지 마세요. 16마디 동안의 즉흥연주가 길게 느껴지나요? 자신있게 해보면 생각보다 짧게 느껴질거예요.

* Funk와 Punk는 서로 다른 음악 장르이지만 이 책에서는 모두 '펑크'로 표기합니다.

연습 4.

E 블루스 음계입니다 (2옥타브 상행과 하행).
다음 곡으로 넘어가기 전에 이 음계를 막힘 없이, 외워서 연주할 수 있도록 연습하세요.

30

Alabama Boogie-Woogie (앨라배마 부기우기)

Ned Bennett

12마디의 블루스 형식으로 된 곡입니다. 헤드(head : 음표가 그려진 부분)를 연주한 뒤 두 개의 코러스(Chorus : 사선이 그려진 부분)를 즉흥연주하고, 헤드를 한 번 더 연주합니다. D.C. al coda는 처음부터 다시 연주하다가 To coda에서 coda 로 뛰어넘으라는 뜻입니다. 마지막 헤드를 연주할 때 coda로 가는 것을 잊지 마세요.

Tip

부기우기는 원래 피아노로 연주하는 블루스였습니다. 이때 왼손은 처음부터 끝까지 한 가지 리듬을 반복하여 음악에 몰아치는 성격을 주는 역할을 했습니다.

Medium Swing Tempo

goals:

1. 8분음표의 셋잇단음표
2. 단음계와 아르페지오

8분음표의 셋잇단음표

원래는 2개의 음이 차지하는 길이를 3개의 음표가 차지하는 것을 셋잇단음표라고 합니다. 아래 악보를 보세요.

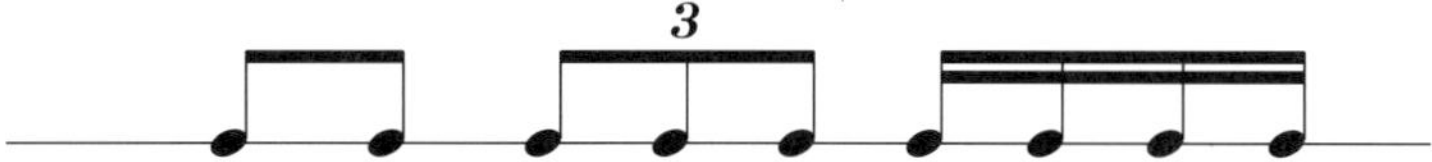

1개의 4분음표, 3개의 8분음표로 된 셋잇단음표, 4개의 16분음표는 모두 1박 길이입니다. 8분음표의 셋잇단음표는 음표 묶음 위나 아래에 숫자 3을 쓰고, 원래의 8분음표보다는 짧게, 16분음표보다는 길게 연주합니다.

연습 1.

천천히 안정적으로 박을 세며 연주해보세요. 마디 첫 음에 살짝 악센트를 주어 연주하면 자연스럽게 셋잇단음표를 연주할 수 있게 될 것입니다.

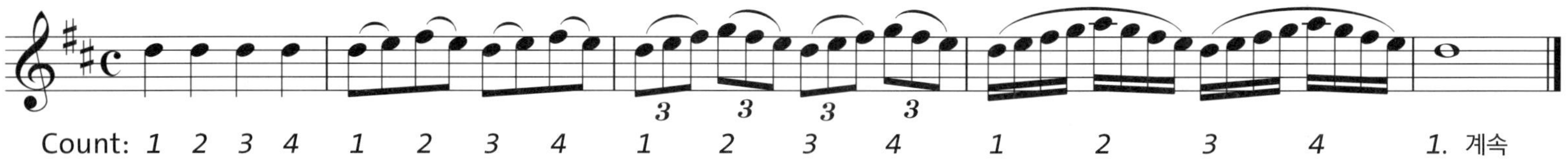

연습 2. 8분음표와 셋잇단음표 연주하기

셋잇단음표로 된 8분음표는 자칫하면 일반 8분음표처럼 연주하기 쉽습니다. 세 음이 정확히 같은 길이를 갖도록 연주하세요. 텅잉과 슬러로 연습해보세요.

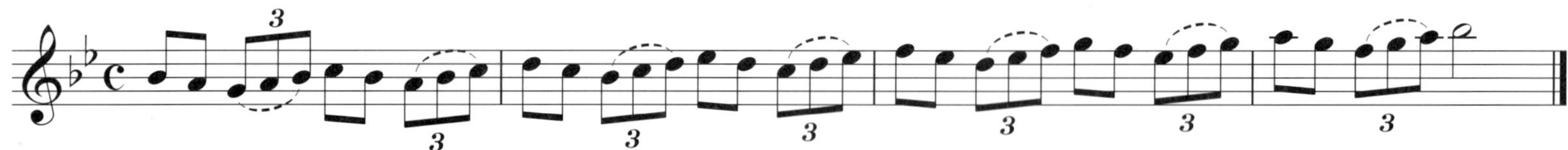

음계 연습을 하면

- 다양한 조에서 자유자재로 손가락을 사용할 수 있는 훈련이 됩니다.
- 모든 음을 일정한 길이로 연주할 수 있게 됩니다.
- 음역에 관계없이 고른 소리로 연주할 수 있게 됩니다.
- 호흡을 잘 조절할 수 있게 됩니다.
- 음과 음의 관계를 쉽게 파악할 수 있게 됩니다.

연습 3. G단조와 E단조 음계와 아르페지오

레슨 27을 위한 연주곡

La donna è mobile from Rigoletto (여자의 마음)《오페라 '리골레토'》에서 Verdi

31

《리골레토》라는 슬픈 오페라에 나오는 아주 경쾌한 선율입니다. 부점을 정확하게 연주하세요.

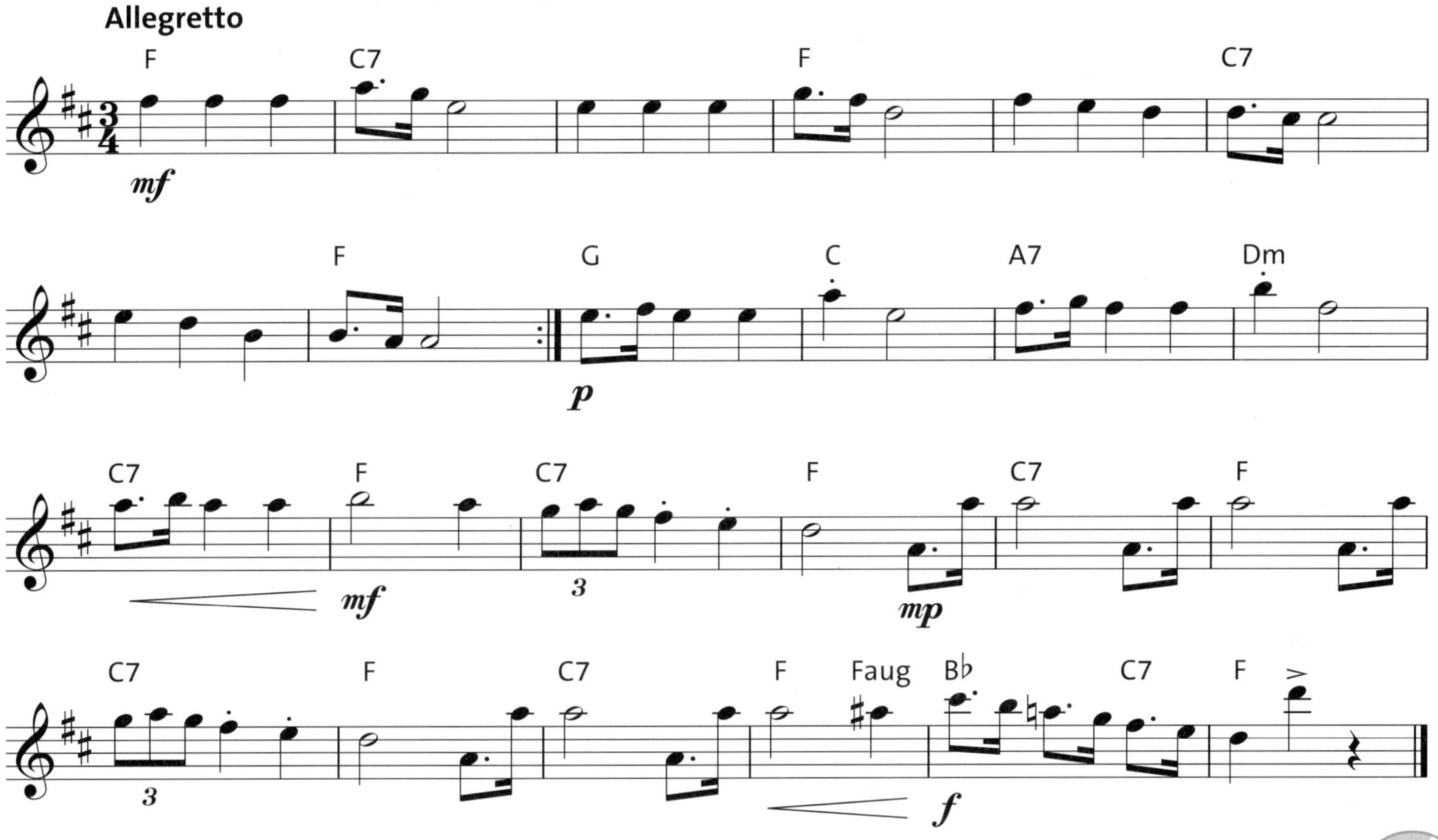

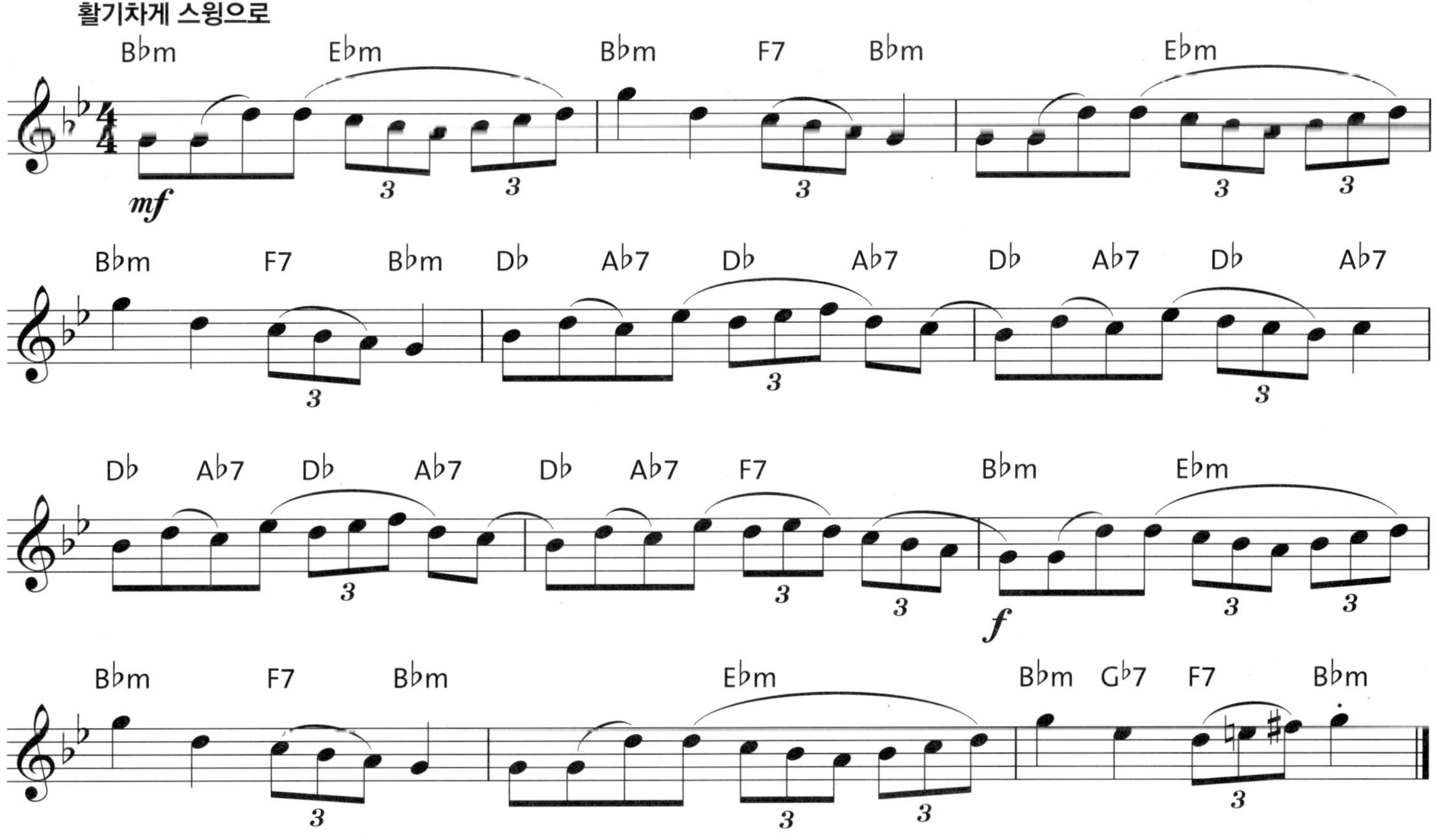

Barry O'Flynn (배리 오플린) 아일랜드 민요

32-33

이 곡은 스윙으로 연주하는 것이 더 쉽습니다. 아일랜드의 민속 노래들은 재즈처럼 단순하게 * 기보되어 있습니다.

* 기보: 악보를 적는 것

Valse No. 9 (Op.69, No.1) (왈츠 9번)

Chopin

쇼팽은 매우 빠른 피아노곡을 많이 작곡했지만 느리고 서정적인 곡들도 있습니다. 악보에 적힌 그대로 연주하세요. 어려워 보이지만 반복이 많은 곡입니다. Lento(렌토)는 천천히 연주하라는 뜻입니다.

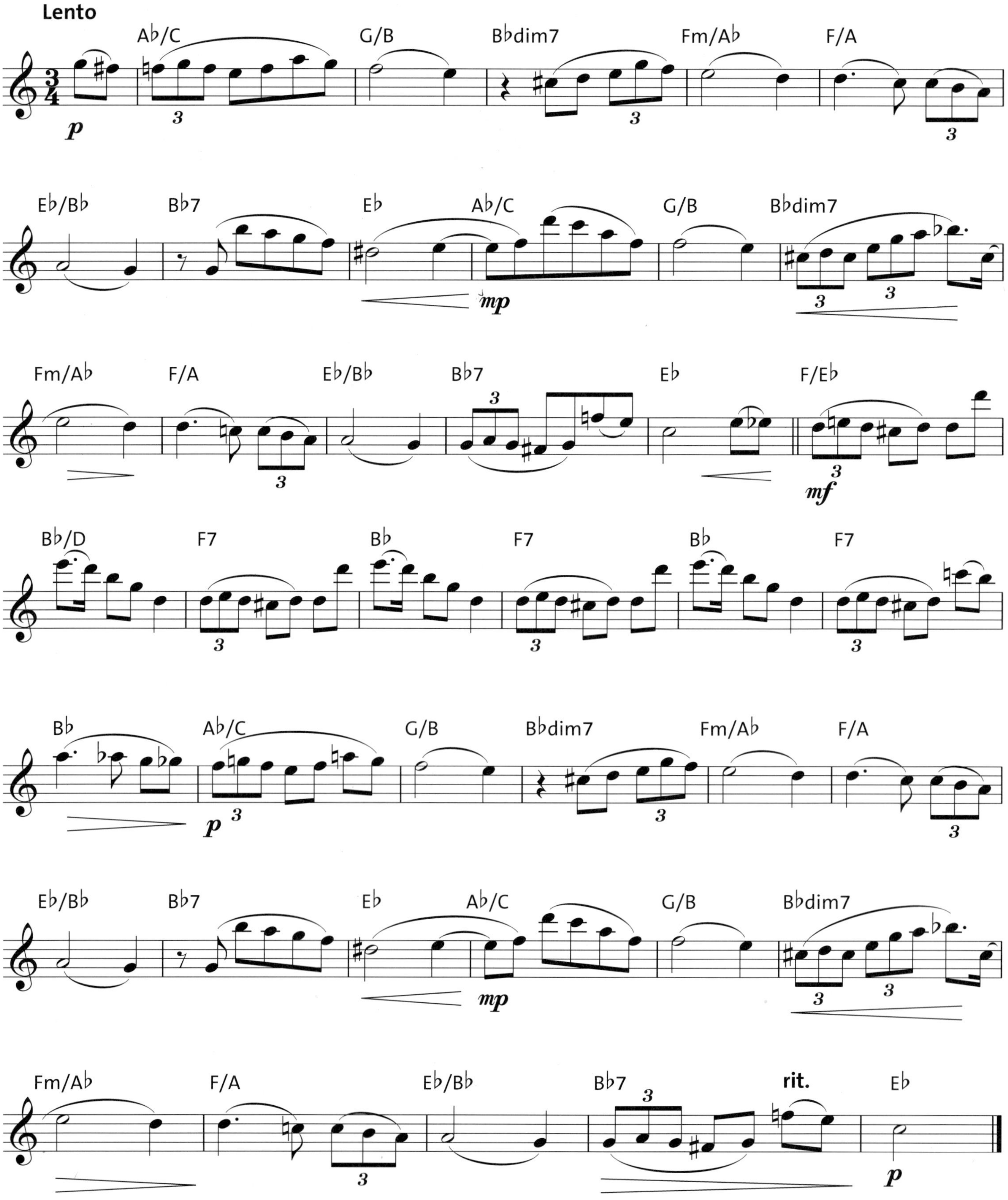

goals:

1. 4분음표의 셋잇단음표
2. 앞꾸밈음

4분음표의 셋잇단음표

8분음표와 마찬가지로 4분음표의 셋잇단음표도 2개의 4분음표가 차지하던 자리를
3개의 4분음표가 차지하는 것입니다.

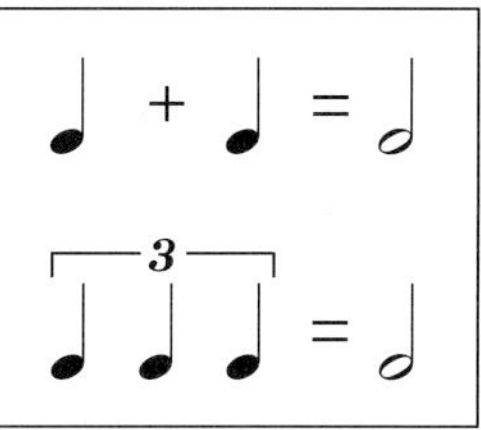

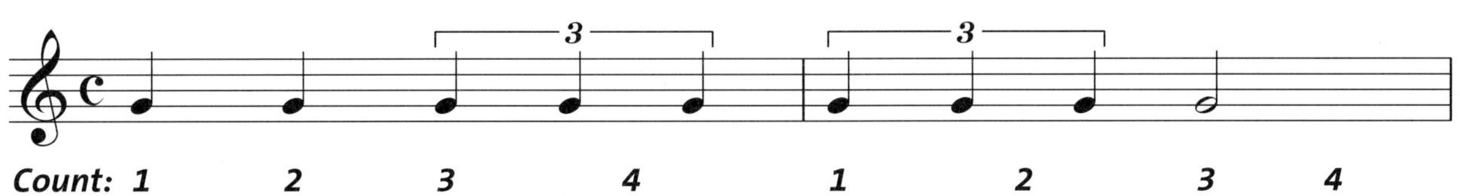

Count: 1   2   3   4   1   2   3   4

첫 박은 정박에 떨어지지만 나머지 두 음은 정박과 엇갈리기 때문에 연주하기가 까다롭습니다.

연습 1.

두 선율을 비교하며 연습해보세요. 서로 어떻게 다른가요?

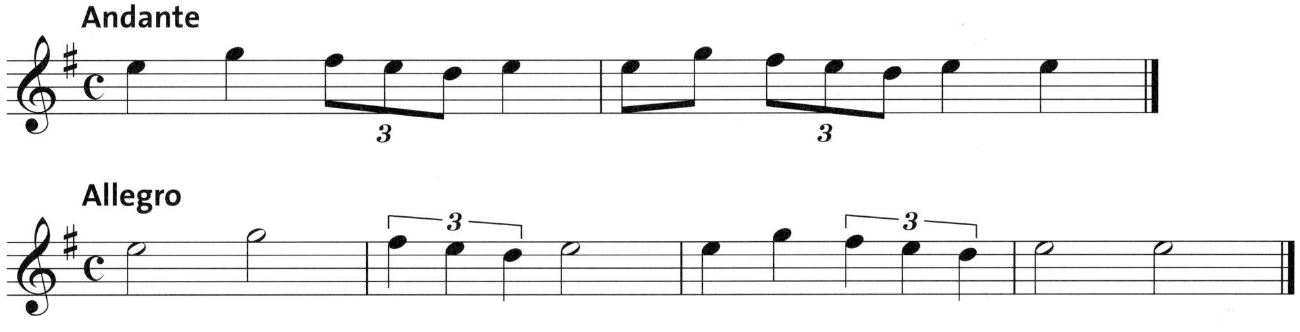

연습 2.

악보의 악센트 기호는 1, 3박에 있습니다. 4분음표의 셋잇단음표를 ♪ ♩ ♪ 리듬처럼 연주하지 않도록 조심하세요.

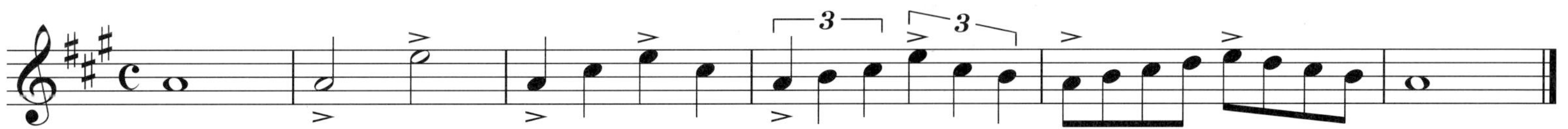

앞꾸밈음

앞꾸밈음은 사선이 그어져 있는 아주 작은 8분음표나 16분음표입니다. 앞꾸밈음은 짧게 연주하고 항상 뒤에 있는 주음과
슬러로 연결됩니다. 앞꾸밈음을 박이 시작할 때 연주해야 하는지, 정박 직전에 연주해야 하는지는 클래식계 음악에서도
뜨거운 논쟁이 있는 문제입니다. 여러분의 감각으로 연주해보세요!

연습 3.

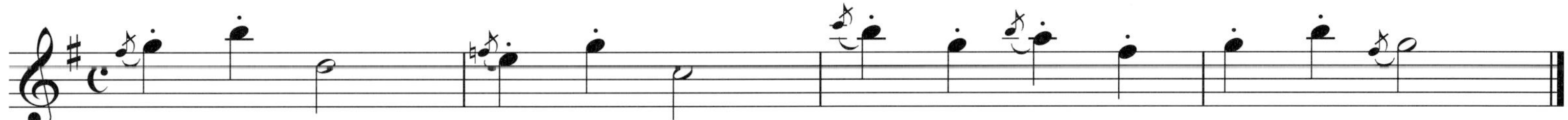

36-37 · *Triplet Trouble Blues* (셋잇단음표 블루스)

Ned Bennett

전체 선율은 천천히, 그러나 앞꾸밈음은 정박에 (정박 전이 아니라) 재빨리 연주하세요.

38 · *To The Spring* (봄에)

Grieg

4분음표 셋잇단음표에 유의하세요. CD 반주에 맞춰 연주할 때 박을 잘 지켜 연주하세요.

Moment Musical (악흥의 순간)

Schubert

셋잇단음표는 없지만 앞꾸밈음이 많이 나오는 곡입니다.

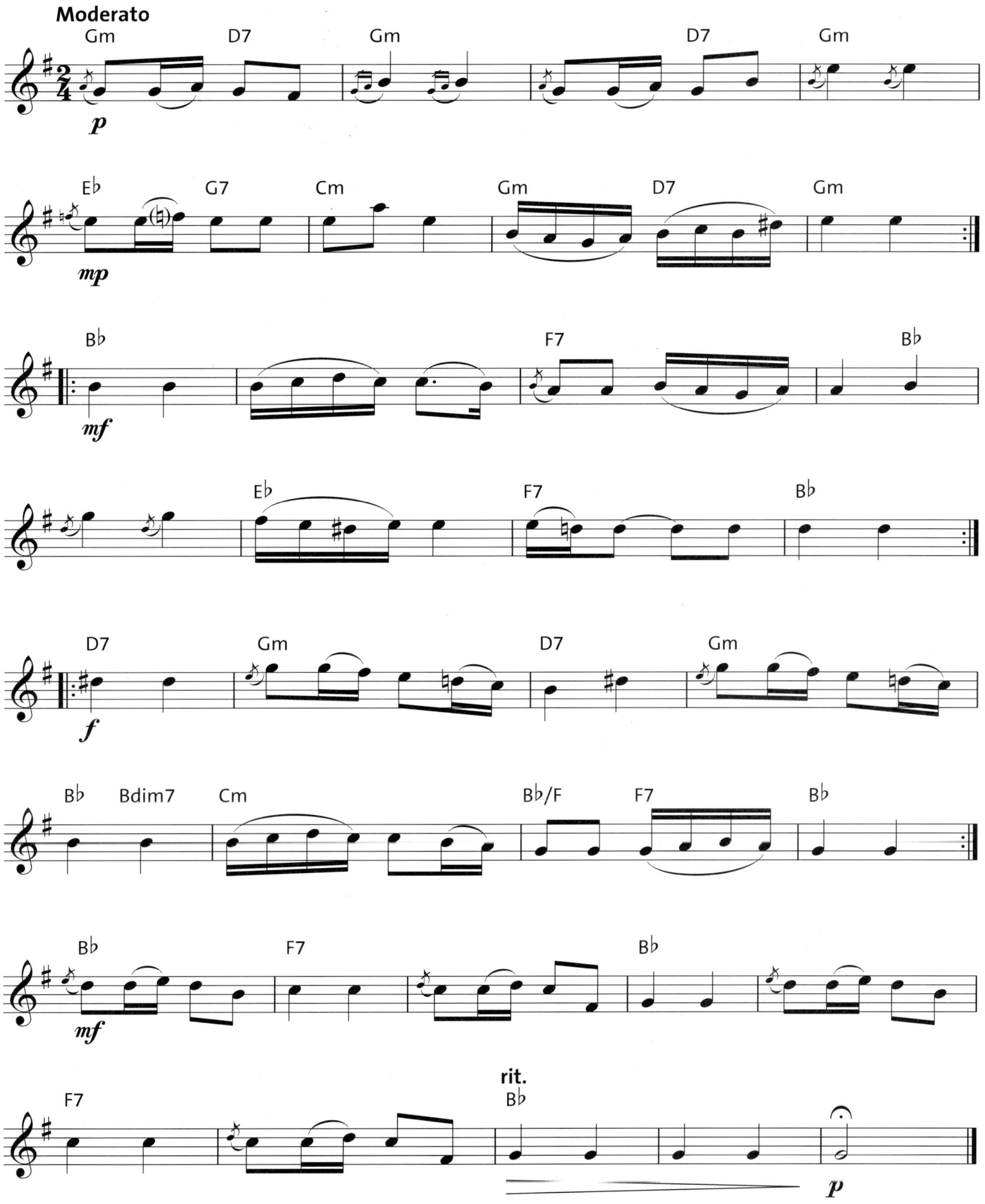

좋은 소리 내기 (음색 연습)

색소폰을 배우기로 마음먹은 것은 아마도 색소폰에서 어떤 매력을 느꼈기 때문이겠지요? 전문가의 연주를 들으면 전율이 일어날 정도로 아름답고 매력적입니다.

Tip

바람이 새는 소리가 들리지 않고 최대한 깨끗한 소리를 낼 수 있도록 연습하세요. 안정적이고 밝은 음색을 낼 수 있어야 합니다. 소리 내는 것이 너무 어려우면 리드의 위치를 확인해 보세요. 혹시 리드가 손상되지는 않았나요?

이 교재에 있는 음악 중 가장 마음에 드는 곡을 골라 자신의 연주를 녹음해보세요. 녹음 스튜디오에 가거나 좋은 장비를 사용할 필요는 없습니다. 집에서 간편하게 컴퓨터나 휴대폰으로 녹음해서 들어보세요.

유명 연주자의 음반이나 색소폰 선생님의 연주와 자신의 연주를 비교했을 때 어떻게 다른가요?

좋은 소리를 내기 위해서는 오랜 기간 성실하게 연습해야 합니다. 무엇을 어떻게 해야 하는지 머리로 안다고 되는 것이 아니라, 좋은 소리를 내기 위해 사용되는 근육과 체력을 길러야 하는 것입니다. 운동선수처럼 말입니다.

매일 운동을 한다고 생각하고 다음 연습곡들을 5~10분씩 주 3회 연습하세요.
연습을 많이 할수록 더 좋은 소리를 낼 수 있습니다.

연습을 할 때는 거울을 보며 자세가 안정적인지, 입모양이 정확한지, 손의 위치가 올바른지 확인해보세요.

연습 1.

천천히, 깊게 호흡하세요.
4박을 세며 첫 음을 연주하고, 슬러로 다음 음으로 넘어가서 최대한 길게 음을 유지하세요.
더 이상 내쉴 숨이 없을 때까지 소리를 내세요.
잠시 호흡을 가다듬고 그 다음 마디를 똑같은 방법으로 연주하세요.
(마디 2의 G♯은 G 운지와 낮은 C♯키를 같이 잡는 운지로 연주하세요.)

이 연습을 하면

- 연주할 때 목구멍을 열린 상태로 유지하는 데 필요한 근육을 키울 수 있습니다.
- 폐활량이 늘고 횡격막으로 바람의 세기를 조절할 수 있게 됩니다.
- 양손 새끼손가락의 힘을 기를 수 있습니다.

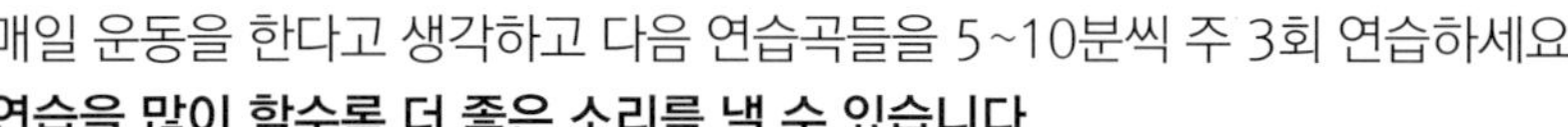

연습 2.

1번 연습을 다시 하면서 한 음마다 한 호흡으로 최대한 길게 연습하세요.
첫 음은 목구멍을 열고 불어야 합니다. 2번째 음을 연주하기 위해서는 횡격막의 힘을 사용해 바람을 조금 더 세게 불고,
아랫입술이 조금 더 단단해야 합니다 (그렇다고 입을 너무 다물지는 마세요). 3번째 음은 2번째 음보다 아랫입술이 더
단단해야 합니다.

높은 음을 연주할 때 입을 너무 다물면 소리가 얇아집니다. 가능하면 턱을 움직여 소리를 조절하세요.

이 연습을 하면

- 연주할 때 목구멍을 열린 상태로 유지하는 데 필요한 근육을 기를 수 있습니다.
- 횡격막을 더 잘 조절할 수 있습니다.
- 풍성하고 부드러운 소리를 낼 수 있도록 입을 단련시켜줍니다.
- 아랫입술에 힘이 생깁니다.

모두 낮은 C음의 운지로 연주합니다.

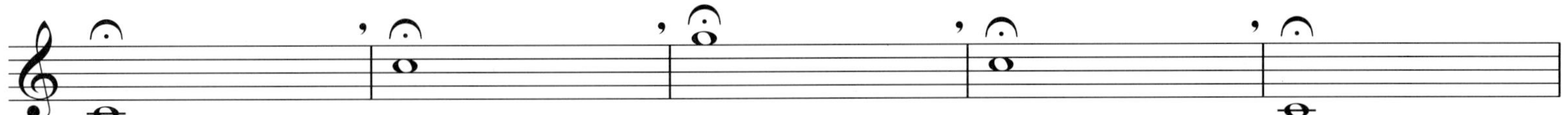

다양한 셈여림 연습

지금까지는 피아노 (*p*)에서 포르테 (*f*)까지의 셈여림을 배웠습니다. 소리의 크기를 조절할 수 있게 되고 힘이 생기면
아주 여리게 (피아니시모 – pianissimo, *pp*) 또는 아주 세게 (포르티시모 – fortissimo, *ff*)도 연주할 수 있게 됩니다.

연습 3.

천천히, 깊게 호흡하세요. 아주 천천히, 아주 부드럽게 소리가 서서히 커졌다가 서서히 작아지게 하세요.
음정이 틀리지 않도록 주의하고 처음부터 끝까지 좋은 음색을 유지하세요.

이 연습을 하면

- 횡격막을 더 잘 조절할 수 있습니다.
- 음정이 좋아집니다.
- 음을 오래 지속시키면서 연주에 필요한 근육이 생겨 음색이 좋아집니다.

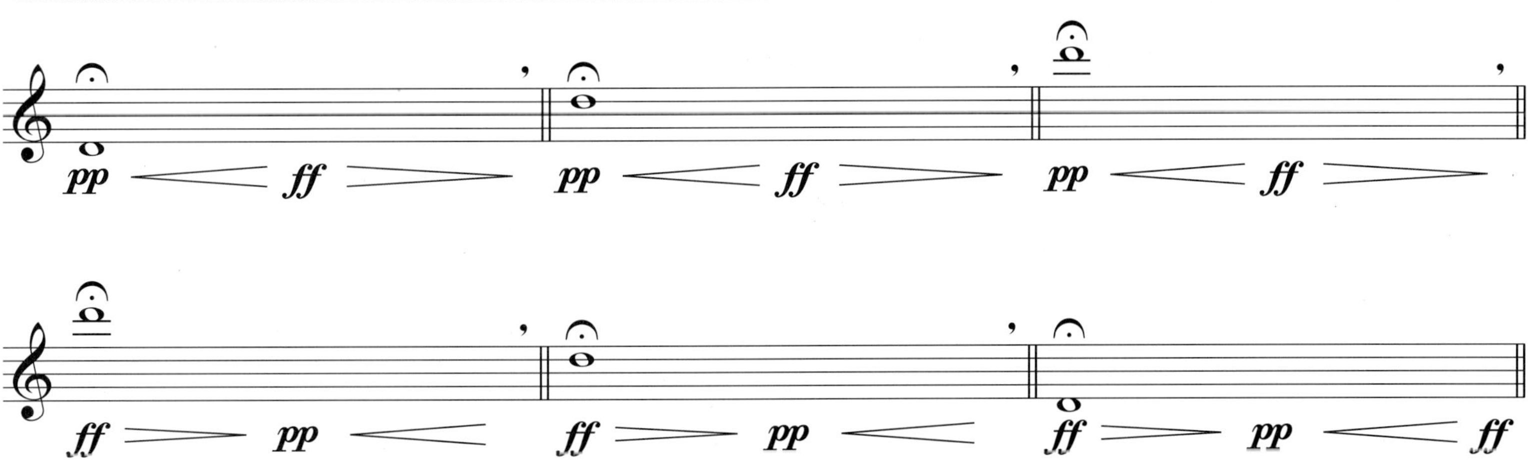

Adagietto from Symphony No. 5 (아다지에토) 《교향곡 5번》에서

Mahler

느리고 풍부하게 표현해야 하는 곡입니다. 역사상 가장 열정적인 작품 중 하나입니다.

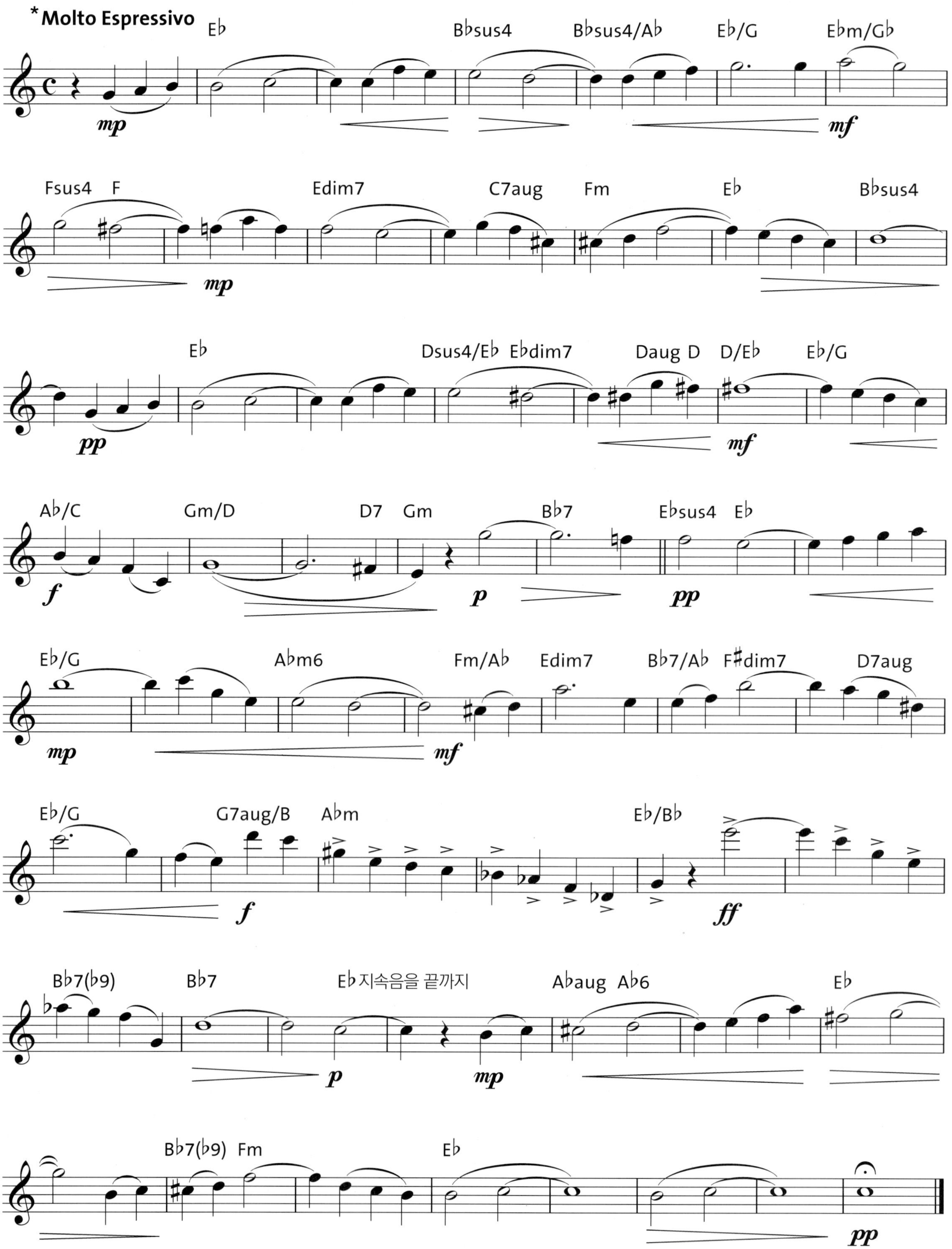

* Molto (몰토)는 '매우', Espressivo는 '표정을 담아서'라는 의미입니다.

goals:

1. 규칙적으로 연습하기
2. 트릴

규칙적으로 연습하기

모든 악기에 적용되는 기본적인 사실이 한 가지 있습니다. **연습을 할수록 빨리 실력이 향상된다는 것**입니다. 연습을 즐기는 사람도 있지만 그렇지 않은 사람도 있습니다. 적은 시간을 들여 최대한 빨리 실력을 향상시키기 위해서는 매일 규칙적으로 연습하는 것이 아주 중요합니다.

- 매일 같은 시간에 연습하도록 노력하세요.

- 연습을 할 때는 연습에만 집중하세요.

- 그 주의 목표를 기억하세요.
  (예를 들어 새로운 곡 익히기, 음계 연습하기 등)

- 연주곡만 연습하지 말고 테크닉 연습에 시간을 많이 투자하세요.

- 인내심을 가지세요. 연습을 하면 더 잘하게 될 것이라는 확신을 가지세요.

한 주 동안 연습한 내용을 표에 기록해보세요.
연습시간은 솔직하게 기록하세요. 이 표는 빠른 시간에 실력이 좋아지게 도와줄 것입니다.

날짜	긴 음 연습	텅잉 연습	음정 연습	음계	연주곡	총 연습 시간

트릴 (trill)

바로크 시대 (1600-1750)와 고전주의 시대 (1750-1820) 음악에서 자주 나오는 트릴은 다양한 음악에서 중요하게 사용되는 장식음입니다. 트릴 기호가 있으면 악보의 음과 하나 위의 음을 빠르게 번갈아 연주합니다.

트릴은 최대한 빨리 연주합니다 (정확한 16분음표가 아님).

1750년 이전의 음악은 트릴을 윗음에서 시작힙니다.

레슨 30을 위한 연주곡

Gavotte from Suite No. 3 (가보트) 《모음곡 3번》에서

J. S. Bach (1685-1750)

바흐의 시대를 고려해보면 어느 음으로 트릴을 시작하는 것이 좋을까요?

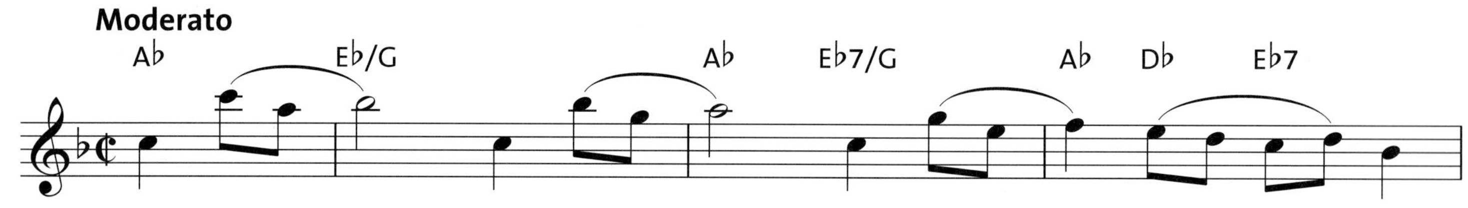

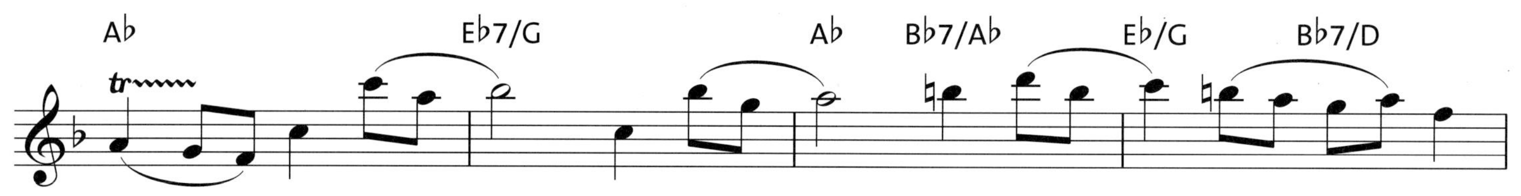

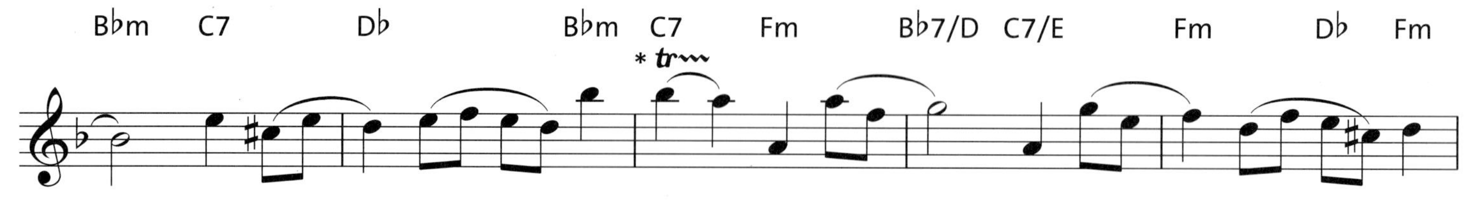

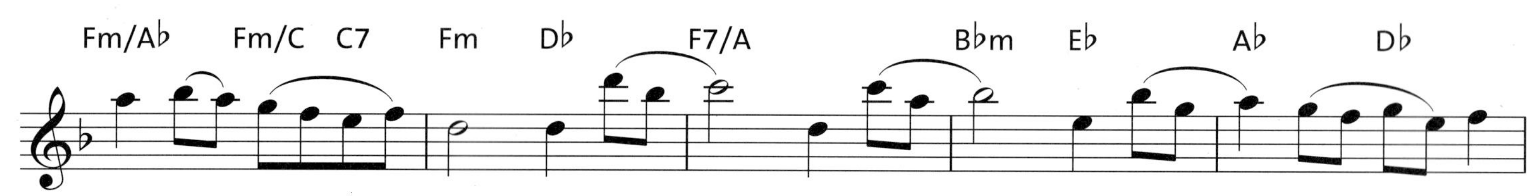

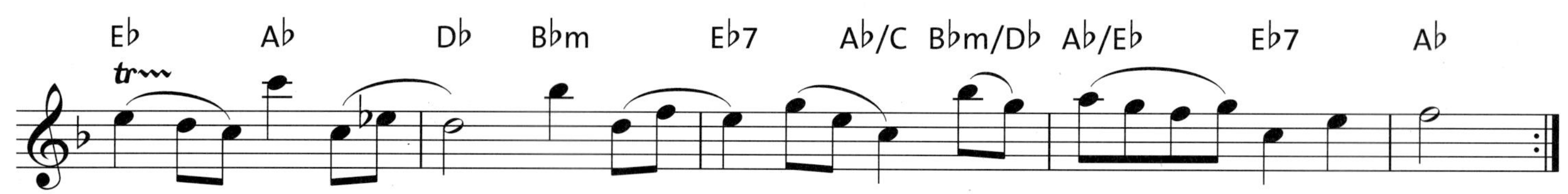

* 사이드 Bb 키를 사용하세요. C음과 번갈아 연주할 때도 사이드 키를 계속 누르고 있어야 합니다.

레슨 30을 위한 연주곡

Flor, Bianca Flor (꽃이여, 비안카 꽃이여)

멕시코 민요

19세기 멕시코 음악입니다. 리듬을 정확히 지키면서 트릴을 잘 살려 풍부하게 표현 해보세요.

goals:

1. 루바토
2. 독주

루바토 (Rubato)

연주를 할 때 미세하게 템포를 변화시키면 아주 풍부한 표현 효과를 낼 수 있습니다. 이렇게 극적인 효과를 내기 위해 독주자들은 잠시 머뭇거리거나 속도를 늦추는 등의 방법을 사용합니다. 이것을 루바토라고 합니다 (rubato는 이탈리아어로 '훔치다')라는 뜻입니다.

원래 루바토는 속도를 늦춰 시간을 '빌렸다가' 뒤에서 다시 빠르게 연주하여 반주를 따라잡는 것이었습니다. 그러나 오늘날 루바토는 풍부한 표현을 위해 유연한 템포로 연주하는 것을 뜻하는 넓은 의미로 사용됩니다. 루바토는 꼭 필요한 부분에만 사용할 때 특히 효과적입니다.

Tip

좋은 독주자가 되기 위해서는 음악을 가슴으로 이해해야합니다. 음악을 마음으로 느끼면 자신감이 생기고 훨씬 설득력이 생길 것입니다.

독주

악기로 시험을 볼 때, 음악회 무대에서 또는 가족이나 친구들 앞에서 독주를 할 기회가 있을 것입니다.

독주를 위한 가이드

- 활기찬 곡은 안정적인 박을 유지하는 것이 중요합니다. 음악은 언어입니다. 관객이 연주에 맞춰 발을 구른다면, 그 음악은 관객과 대화하고 있는 것입니다.

- 곡을 너무 빠르게 시작했다가 나중에 어려운 패시지가 나왔을 때 갑자기 느려지는 일이 없도록 해야 합니다. 곡 전체를 같은 템포로 연습하다가 잘되면 점점 속도를 내세요.

- 몽환적인 곡이라면 루바토를 사용하세요. 청중을 압도하는 힘을 즐기세요. 관객들이 풍부한 표현이 나타나는 부분을 기다리게 만들고, 템포를 살짝 빠르게 연주해서 관객을 신나게 만들어보세요.

- 어떤 곡을 연주하건, 연주하기 전에 항상 생각을 하세요. 머릿속으로 곡의 첫 부분을 들어보세요. 호흡하고, 한 번 더 호흡하고, 그런 다음에 시작하세요.

레슨 31을 위한 독주곡

Sailor's Hornpipe (선원의 * 혼파이프)

영국 민속춤곡

이 곡은 원래 매우 느리게 시작해서 점점 빨리 연주하는 곡입니다. 처음에는 먼저 보통 빠르기로 모든 부분을 완벽하게
연주할 수 있도록 하세요.

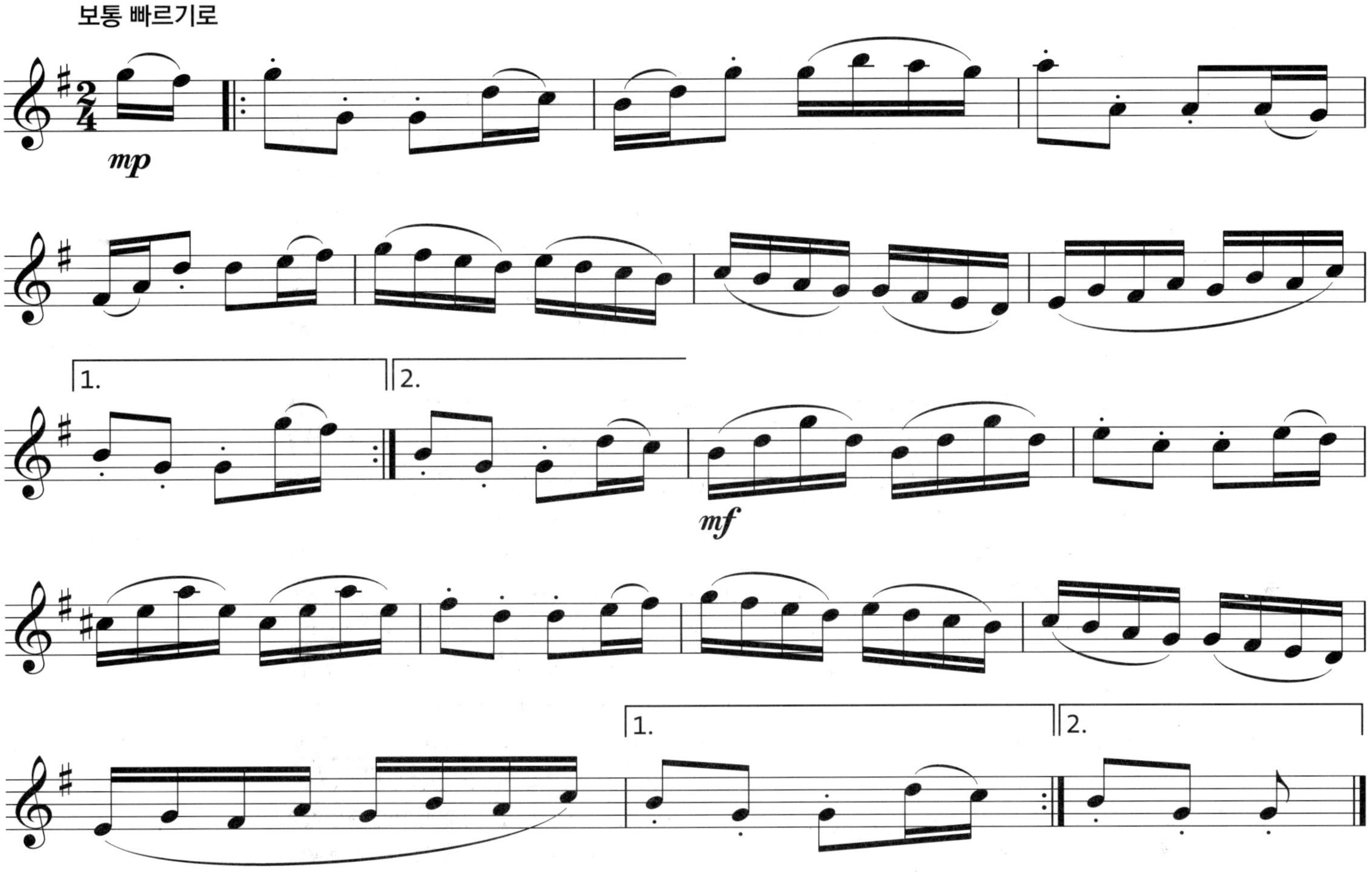

* 혼파이프 : 선원들이 추는 활발한 춤

Sometimes I Feel Like A Motherless Child (때로는 고아처럼) 흑인영가

44

루바토를 할 수 있는 곡입니다. 우선은 정확한 템포를 지켜 천천히 연습하여 곡에 익숙해지세요.
그런 다음 어떤 변화를 주어야 곡을 풍부하게 표현할 수 있을지 생각해보세요.

레슨 31을 위한 독주곡

100% Humidity (습도 100%)

Ned Bennett

E 블루스 음계와 스윙 리듬으로 연주하세요. 루바토 없이 템포를 일정하게 유지하고, 즉흥연주 부분은 원하는 만큼 반복하세요. 즉흥연주를 할 때에도 박은 정확히 지켜야 합니다. 악보의 음악에서 아이디어를 얻어 즉흥연주 선율에 사용해도 좋습니다.

Medium Shuffle

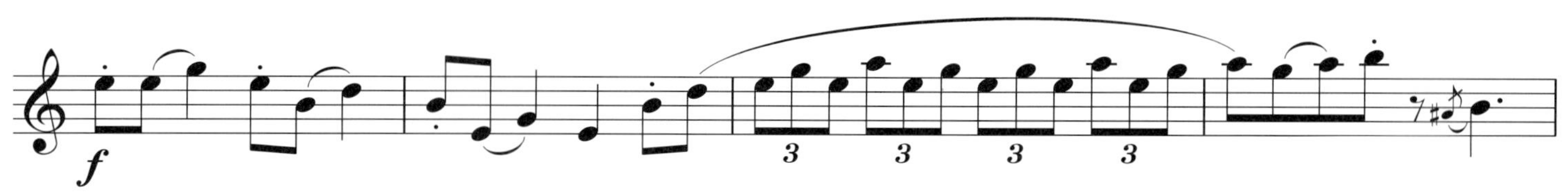

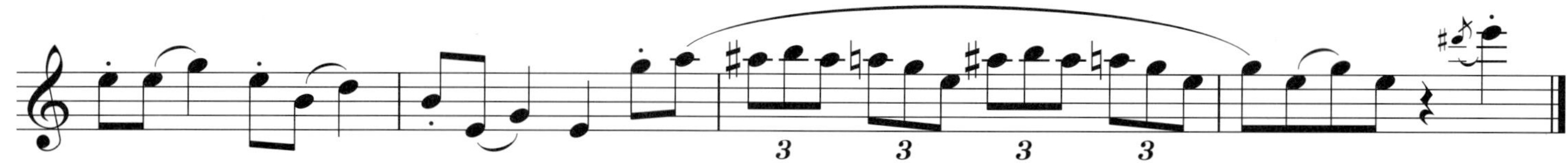

goals:

1. 홑박자와 겹박자, 혼합박자
2. 새로운 음계와 아르페지오

박자표

홑박자는 보통 2로 나뉠 수 있습니다. 홑박자로 된 음악은 흐름을 예측하기 쉽기 때문에 가장 자주 사용됩니다.

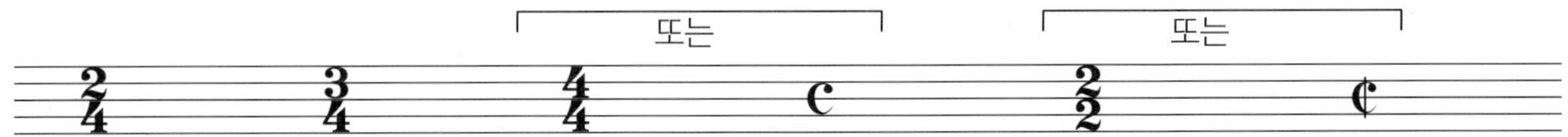

겹박자는 보통 3으로 나뉩니다. 이 경우에도 음악이 자연스럽게 흐릅니다.

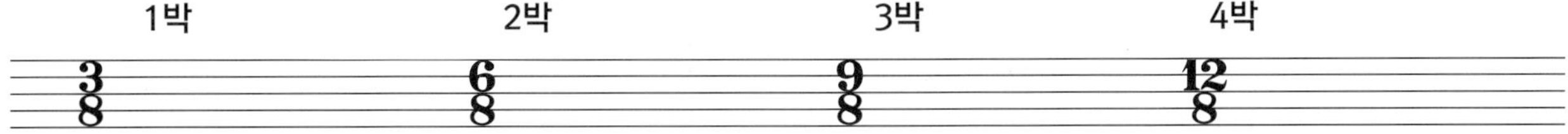

지금까지 이 책의 모든 곡은 위의 박자표들을 사용했습니다.
하지만 의도적으로 부자연스러운 박자표를 사용하는 음악도 있습니다.

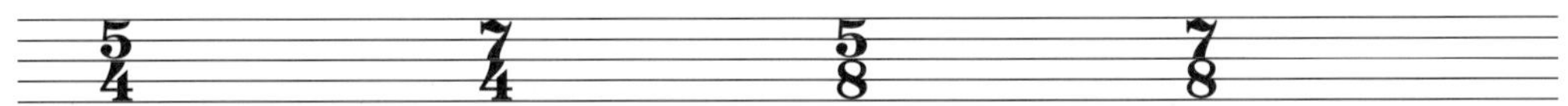

연습 1.

악센트 기호가 있는 곳을 강조하며 리듬에 맞춰 손뼉을 쳐보세요.

박자표는 곡 중간에 바뀔 수 있습니다! 뒤에 나오는 《불가리아 춤곡》을 보세요.

Lesson 32

연습 2. 새로운 음계와 아르페지오

음계

E♭ 장조

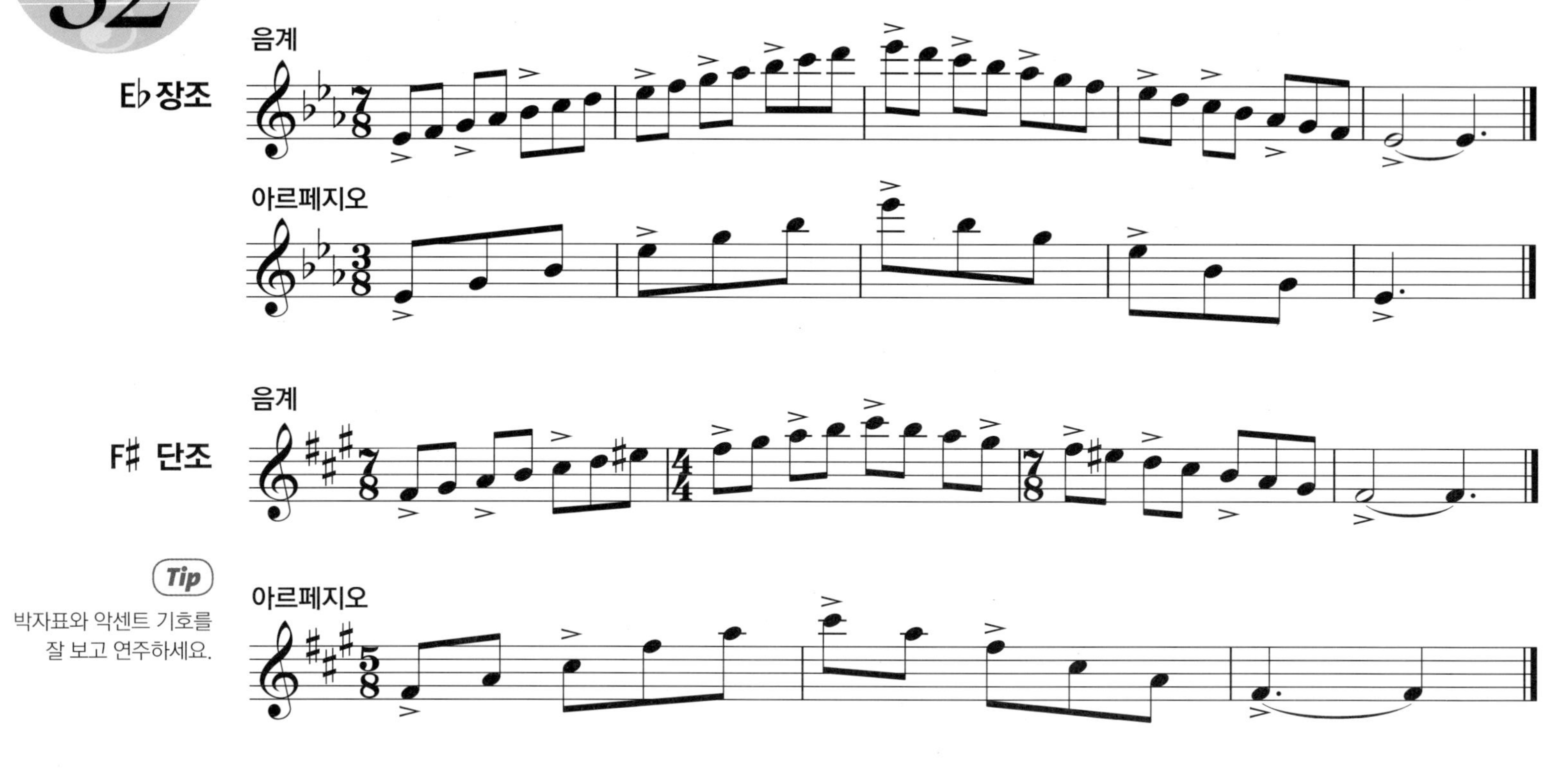

아르페지오

음계

F♯ 단조

Tip

박자표와 악센트 기호를 잘 보고 연주하세요.

아르페지오

레슨 32를 위한 연주곡

46-47

Bulgarian Dance (불가리아 춤곡)

정열적으로

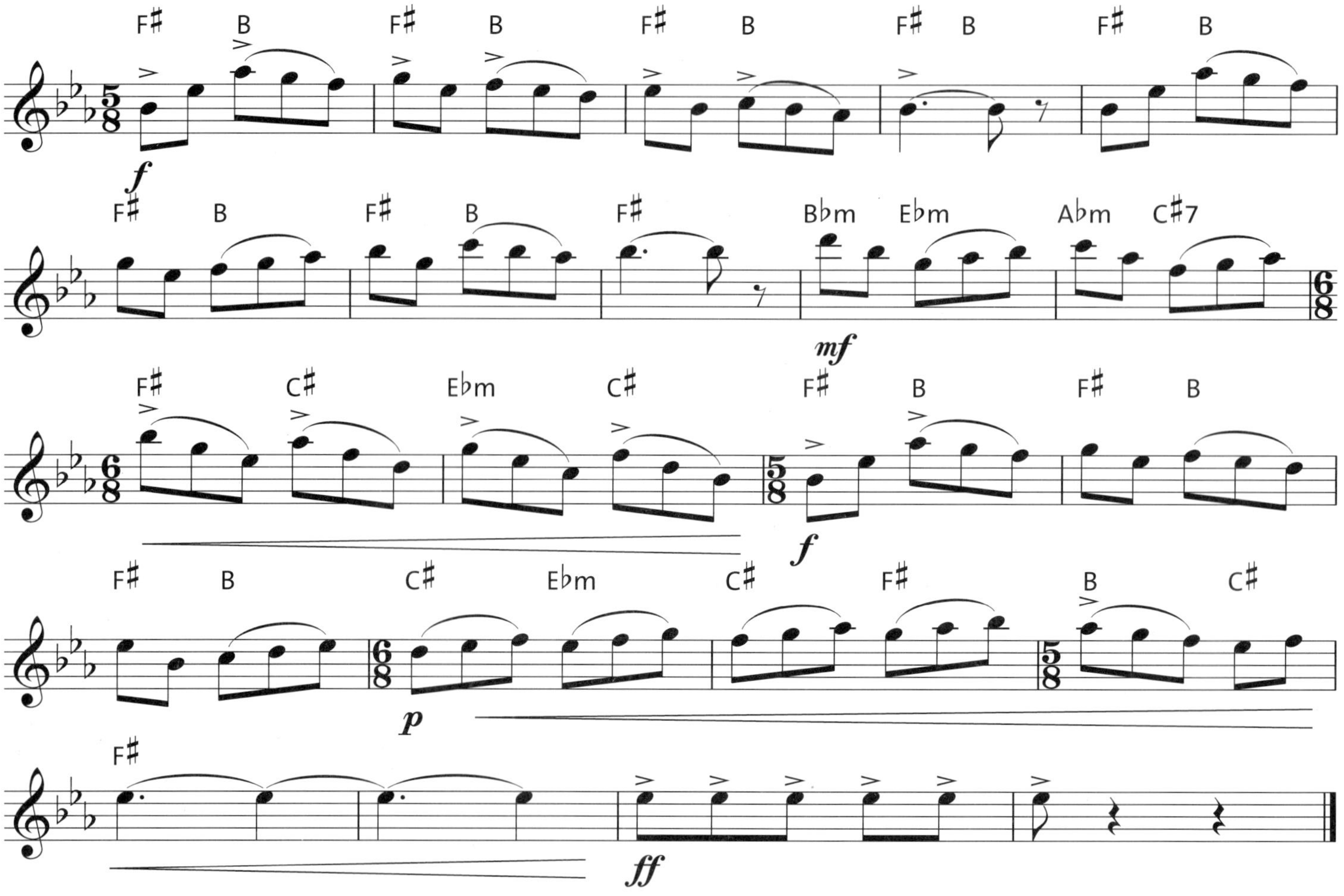

레슨 32를 위한 연주곡

Ut tuo propitiatus （그대에게 자비를）

11세기 * 오르가눔

처음에는 이 곡이 다소 이상하게 들릴 수 있습니다.
천 년 전에 만들어진 곡이지만 오히려 현대적이고 실험적인 곡처럼 들릴 것입니다.

소리가 잘 울리는 큰 교회나 홀에서 연주해보세요.
이 곡은 원래 수도승들이 부르는 노래였지만 색소폰으로도 그에 못지않은 소리를 낼 수 있습니다.

빠르게 연주하지 마세요. 풀로 붙인 것처럼 끝까지 정확한 템포에 딱! 붙어 있으세요.

* 오르가눔 : 중세 시대 성당에서 부르던 다성음악

goals:

1. 손가락 연습
2. 빠른 곡 연주하기

손가락 연습

한음 한음이 잘 들리지 않을 정도로 매우 빠른 곡을 들어보았을 것입니다. 이런 곡은 잘 연주하면 인상적이고 신나게 들릴 수 있습니다. 하지만 정확하고 빠르게 연주하는 기술은 오랜 시간동안 끝없이 인내하며 연습해야 얻을 수 있습니다.

Tip

이제 지금까지 했던 연습 대신 (혹은 병행하여) 이 연습을 규칙적으로 하세요.

연습 1.

모든 장음계의 첫 세 음만으로 하는 연습입니다.
잘 안 되는 패턴을 더 많이 연습해서 안정적인 템포로 전체를 연주할 수 있도록 하세요.
슬러와 텅잉이 어려우므로 두 가지 주법 모두 연습해보세요.

첫 단의 악보와 같은 방식으로 나머지 패턴도 연습하세요.

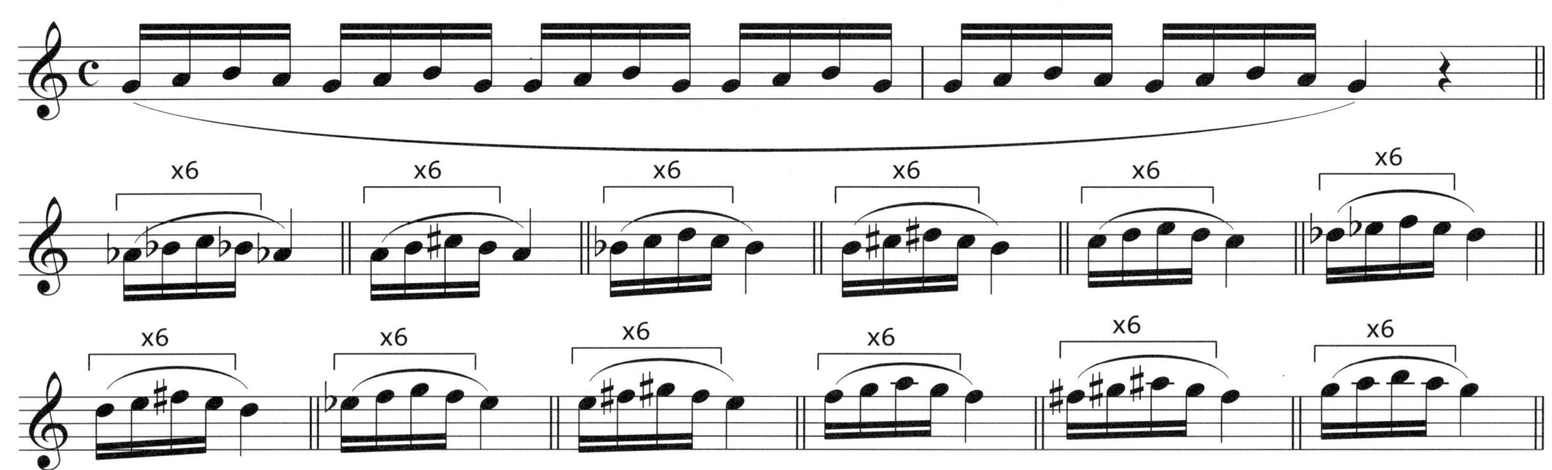

연습 2.

반음계 곡입니다. 아래 패턴들은 반음씩 낮아지지만, 순서를 바꿔 반음씩 올라오면서 연습해도 좋습니다.

새끼손가락과 사이드 키를 사용하는 연습을 많이 할 수 있습니다.

Caprice No.24 Theme (카프리스 24번 주제) Paganini

Presto (프레스토)는 빠르게 연주하라는 뜻입니다. 원래 바이올린곡이지만 피아노, 첼로, 재즈밴드, 플루트 등 다양한 악기로 편곡되어 있습니다.

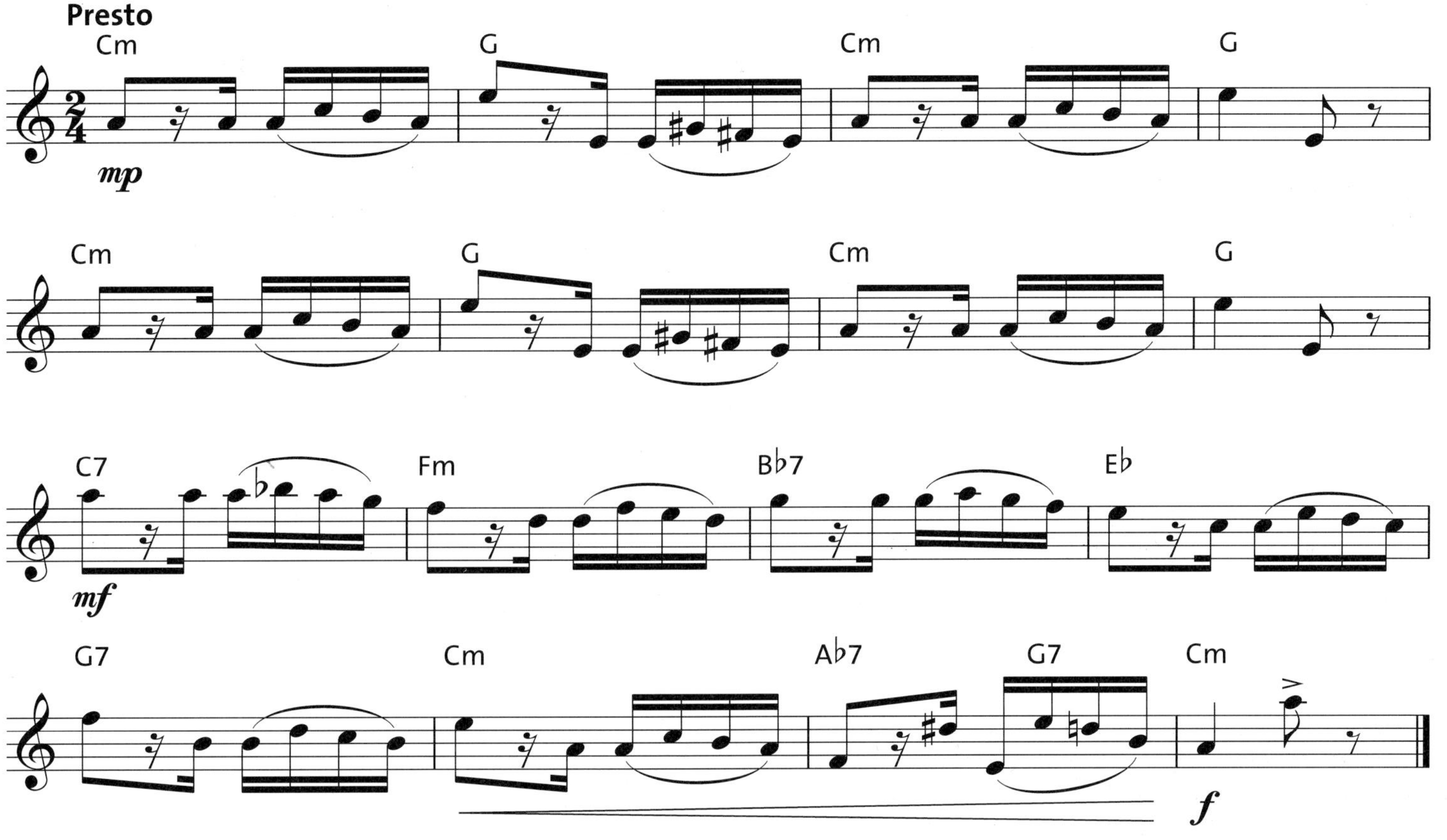

The Irish Washer Woman (빨래터의 여인) 18세기 아일랜드 노래

텅잉과 손가락 움직임의 조화가 중요한 곡입니다.

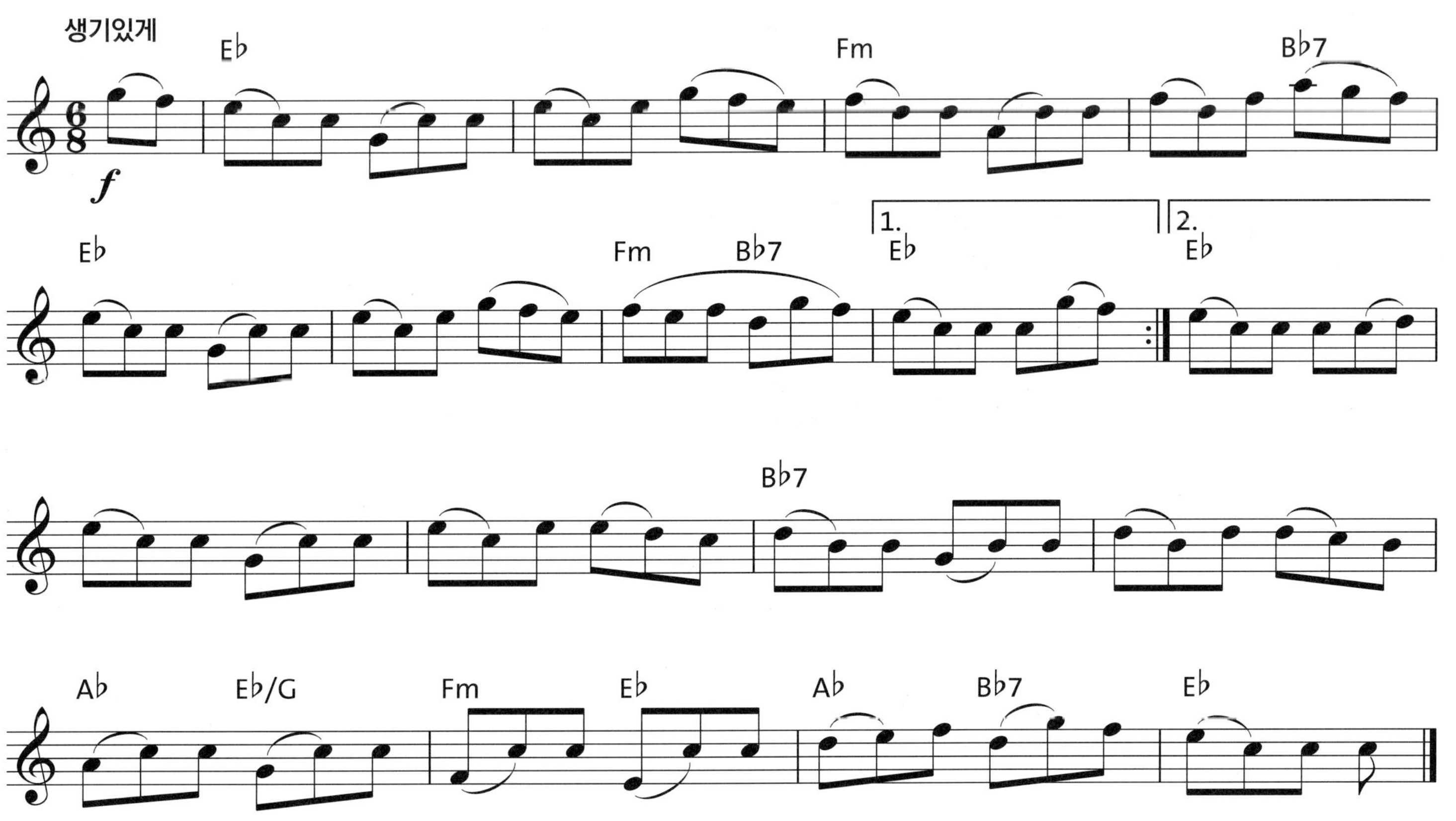

Czardas (* 차르다시)

Monti

첫 부분은 느리고 두 번째 부분은 빠른 곡입니다. 느린 부분에서는 루바토를 조금 사용하고, 빠른 부분은 매우 빠르게 연주하세요. 빠른 부분을 연습할 때도 우선은 천천히 일정한 템포로 해야 정확하게 연주할 수 있습니다.

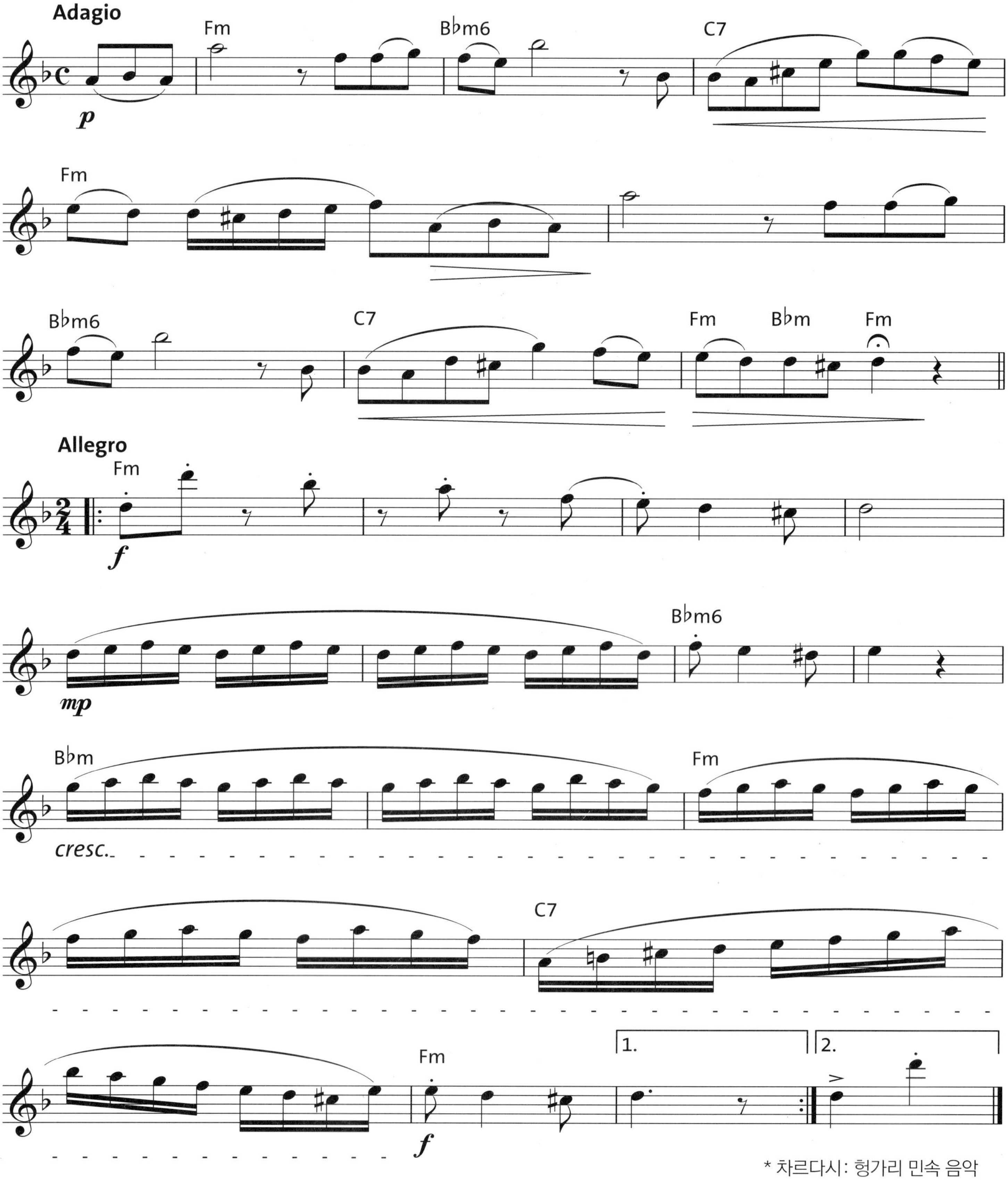

* 차르다시 : 헝가리 민속 음악

goals:

1. **지구력 유지하기**
2. **민감하게 듣기**

오랜 시간 연주를 하면 근육이 긴장하게 됩니다. 육상 트랙에서 800미터 달리기를 한다고 생각해보세요. 처음 한 바퀴는 달릴만하겠지만 두 번째 바퀴에는 다리가 아플 것입니다. 근육이 팽팽해지면 혈액순환이 잘 안 돼서 젖산이 분비되기 때문입니다. 긴 곡을 연주할 때 입의 근육도 똑같은 과정을 겪습니다.

따라서 연주를 할 때는 온 몸을 이완시켜 편안한 자세를 유지하는 것이 중요합니다.
아주 잠깐이라도 아랫입술을 쉬게 해주면 입술의 혈액순환에 도움이 됩니다.

Tip

다른 연주자들의 소리에 민감해지세요. 이 곡을 연주하다보면 때로는 선율을, 때로는 반주를 맡게 될 것입니다. 자신의 역할에 맞는 셈여림으로 연주하며 16세기의 걸작을 완성해보세요.

Alla riva del Tebro (madrigal) (* 마드리갈) 《테브로강》에서 Palestrina

악보는 단순하지만 연주하기는 어려운 곡입니다. 한 번 놓치면 중간에 합류하기 힘든 곡이니 정확하게 박을 세야 합니다.

* 마드리갈: 16세기에 유행한 무반주 중창곡

14
20
27
f
f
f
f
42

goals:

1. 음악회에서 연주하기

음악회에서 연주하기

《어드벤쳐 악기 시리즈》알토색소폰 교재 1, 2권을 모두 배웠으므로 이제 음악회에서 연주할 준비가 되었습니다.
친구들이나 가족들 앞에서, 학교에서 또는 전혀 모르는 사람들 앞에서 연주해보세요.

성공적인 연주를 위한 준비

1. 연주하는 음악을 잘 알고 있을 것

모든 곡은 머리로 생각하지 않고, 완벽하게 연주할 수 있어야 합니다. 악보를 보지 않고 외워서 연주하면 훨씬 자연스럽게 할 수 있습니다.

2. 음악회에 어울리는 옷을 입을 것

멋진 옷을 입고, 아주 중요한 사람을 만날 때처럼 자신을 보여주세요. 연주에 자신감이 생길 것입니다.

3. 연주 전에 천천히 깊게 호흡할 것

심호흡은 긴장을 풀어주고 뇌에 산소를 공급해주어 집중력을 향상시켜줍니다. 심장이 두근대는 것도 잠시 잊을 수 있습니다.

4. 박수를 받으면서 천천히 인사하세요.

"제 연주를 들어주셔서 감사합니다"라고 몸으로 말하는 것입니다.

레슨 35를 위한 연주곡

아래 음악들은 모두 연주하기에 좋은 곡입니다. 연습삼아 재미삼아 연주할 때도 음악회에서 연주를 한다고 상상하고 모든 표현과 테크닉, 정확성을 발휘해보세요.

Wedding Dance (웨딩 댄스)

카자흐스탄 노래

아주 복잡한 피들 (fiddle) 선율이 나오지만, 연습한 만큼 즐겁게 연주할 수 있을 것입니다.

끝까지 F – C 겹음 반주

Waltz from Die Fledermaus (왈츠) 《오페라 '박쥐'》에서   Strauss

아름답고 우아하지만 연주할 때는 많은 에너지가 필요한 곡입니다.
이 곡은 오스트리아 비엔나의 신년음악회에서 매년 연주됩니다.

Allegro Moderato

Oh, Won't You Sit Down (오, 그대 앉아요)

흑인 영가

재즈 스타일로 편곡된 곡입니다. 8분음표는 스윙으로 연주하고 solo *ad lib* 이라고 적힌 즉흥연주 부분은 G 블루스 음계로 연주하세요.

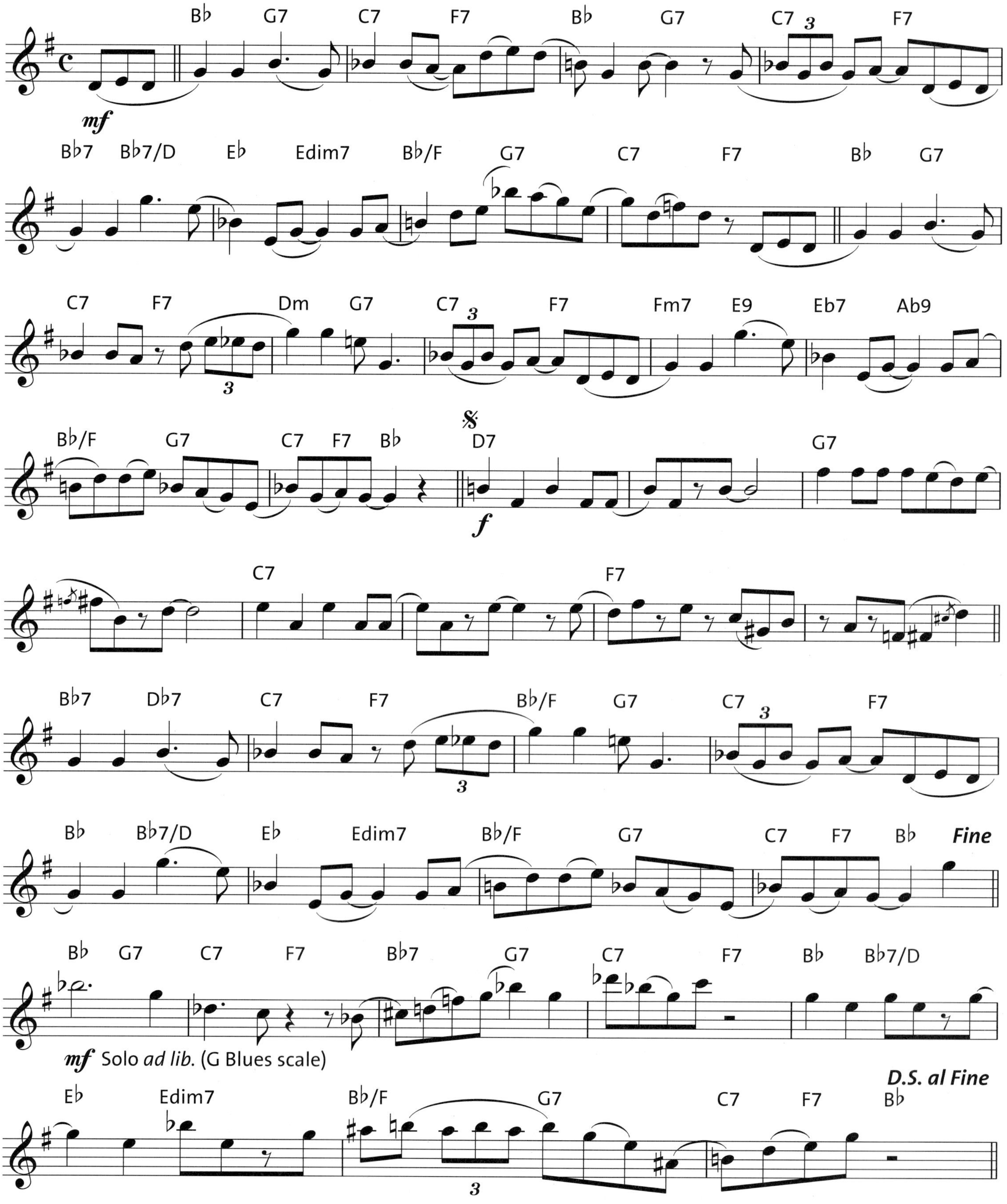

Hungarian Dance no.5 (헝가리 무곡 5번)

Brahms

드디어 마지막 곡입니다. 활발하고 신나는 곡입니다. 템포 변화에 유의하고 손가락은 자연스럽게 움직이도록 연주하세요.

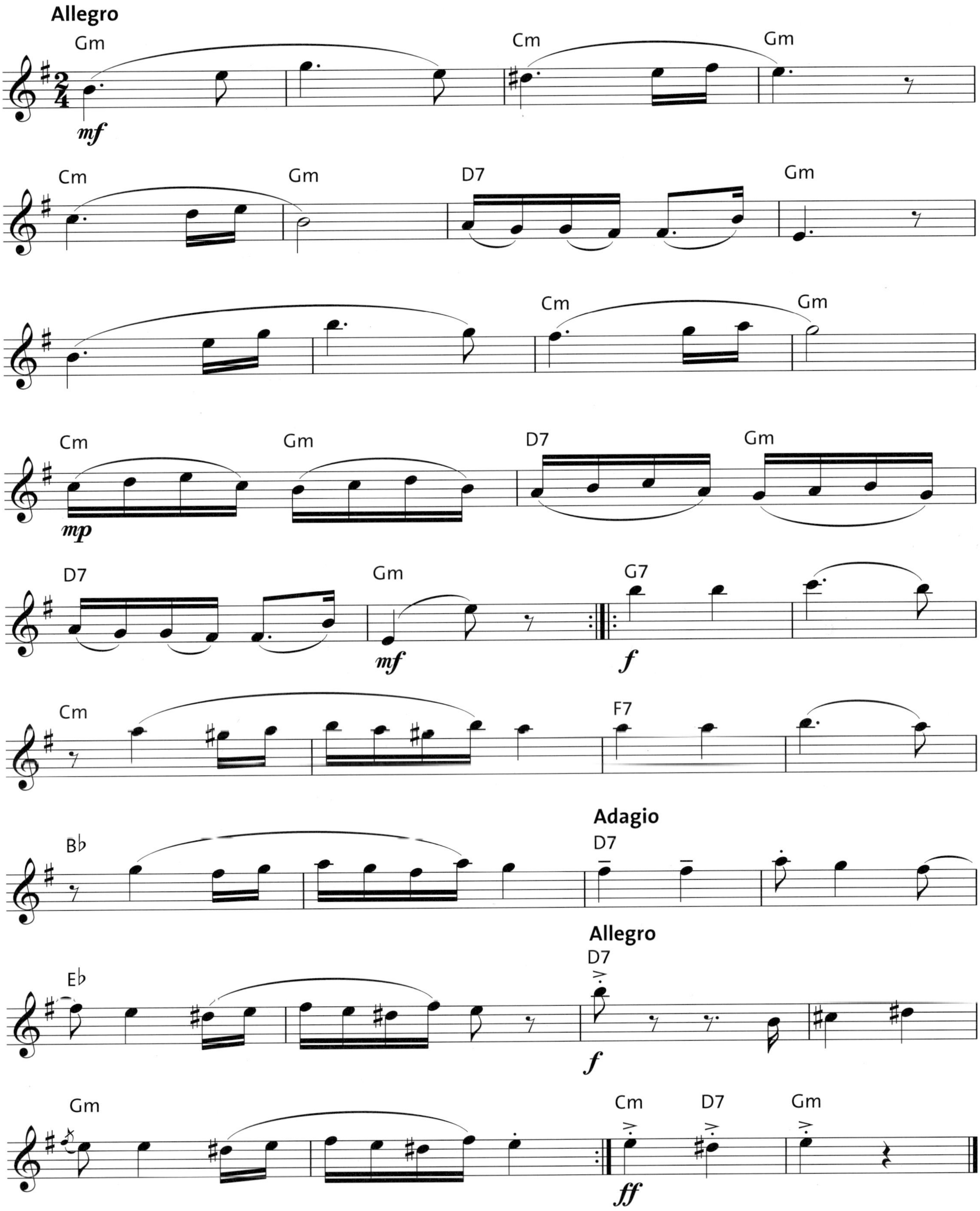

CD track

1	튜닝음 (concert A)	**30**	Alabama Boogie-Woogie (반주)	**57**	Oh, Won't You Sit Down (반주)
2	Ballad (연주)	**31**	La donna è mobile (Verdi) (반주)	**58**	Hungarian Dance No. 5 (Brahms) (연주)
3	Ballad (반주)	**32**	Barry O'Flynn (연주)	**59**	Hungarian Dance No. 5 (Brahms) (반주)

1 튜닝음 (concert A)
2 Ballad (연주)
3 Ballad (반주)
4 Surprise Symphony (Haydn) (반주)
5 Dracula's Dance (연주)
6 Dracula's Dance (반주)
7 Simple Gifts (반주)
8 Frith Street Rag (연주)
9 Frith Street Rag (반주)
10 Dance Of The Swans (Tchaikovsky) (연주)
11 Dance Of The Swans (Tchaikovsky) (반주)
12 Prelude (Chopin) (반주)
13 Loch Lomond (반주)
14 Humoresque (Dvořák) (연주)
15 Humoresque (Dvořák) (반주)
16 레슨 24 연습 1 (Lesson 24) (반주)
17 Greensleeves (반주)
18 Lillabullero (연주)
19 Lillabullero (반주)
20 Allegro Moderato (Bardi) (연주)
21 Allegro Moderato (Bardi) (반주)
22 Spring Song (Mendelssohn) (연주)
23 Spring Song (Mendelssohn) (반주)
24 Entry Of The Gladiators (Fučík) (연주)
25 Entry Of The Gladiators (Fučík) (반주)
26 Holy-Moly Blues (연주)
27 Holy-Moly Blues (반주)
28 Play This Funky Music (연주)
29 Play This Funky Music (반주)

30 Alabama Boogie-Woogie (반주)
31 La donna è mobile (Verdi) (반주)
32 Barry O'Flynn (연주)
33 Barry O'Flynn (반주)
34 Valse No. 9 (Chopin) (연주)
35 Valse No. 9 (Chopin) (반주)
36 Triplet Trouble Blues (연주)
37 Triplet Trouble Blues (반주)
38 To The Spring (Grieg) (반주)
39 Moment Musical (Schubert) (연주)
40 Moment Musical (Schubert) (반주)
41 Adagietto from Symphony No. 5 (Mahler) (반주)
42 Gavotte from Suite No. 3 (Bach) (연주)
43 Gavotte from Suite No. 3 (Bach) (반주)
44 Sometimes I Feel Like A Motherless Child (연주)
45 100% Humidity (연주)
46 Bulgarian Dance (연주)
47 Bulgarian Dance (반주)
48 Caprice No. 24 (Paganini) (반주)
49 The Irish Washer Woman (반주)
50 Czardas (Monti) (연주)
51 Czardas (Monti) (반주)
52 Wedding Dance (연주)
53 Wedding Dance (반주)
54 Waltz from Die Fledermaus (Strauss) (연주)
55 Waltz from Die Fledermaus (Strauss) (반주)
56 Oh, Won't You Sit Down (연주)

57 Oh, Won't You Sit Down (반주)
58 Hungarian Dance No. 5 (Brahms) (연주)
59 Hungarian Dance No. 5 (Brahms) (반주)

부록 CD

트랙 1은 튜닝 트랙이고 A음 (알토 색소폰의 F♯음)을 들려줍니다. 트랙 2 부터는 책에 배치된 순서대로 곡이 수록되어 있습니다.

그림 위에 적힌 숫자가 트랙 번호입니다.

발행인 이병직
발행처 도서출판 뮤직트리

초판 1쇄 발행 2011년 6월 30일

출판신고 2003년 7월 11일 제 406 - 2003 - 00006호 121 - 840 서울시 마포구 서교동 395 - 179 미르B/D 3F TEL. 02)325 - 2592 FAX. 02) 334 - 4704

번　역 윤인영
감　수 원무연
편　집 강효정 · 박수연 · 윤인영 · 김지니
디자인 책임 이현정
디자인 진행 페이지 엠 (www.page - m.com)

ISBN 978 - 89 - 6296 - 166 - 9
　　　978 - 89 - 6296 - 148 - 5 (set)

정가 10,000원

E 알토
(E♭ Alto saxophone)

B♭ 소프라노
(B♭ Soprano saxophone)

색소폰의 음역

악보
실제소리
E♭ 바리톤
B♭ 테너 색소폰
E♭ 알토 색소폰
B♭ 소프라노 색소폰

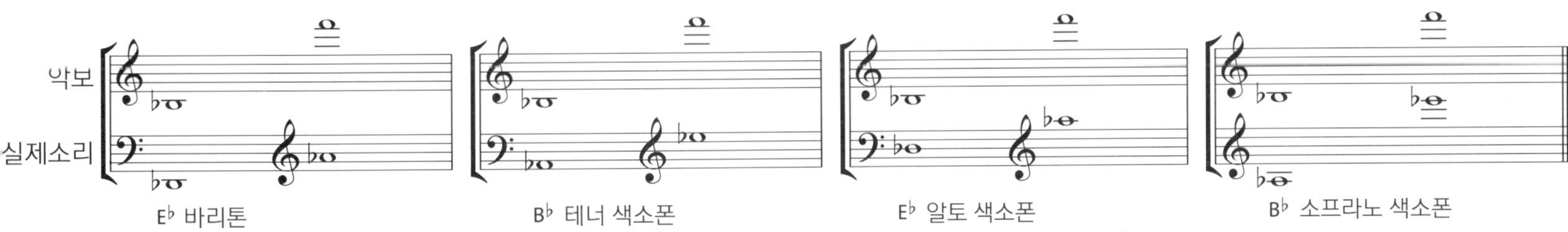

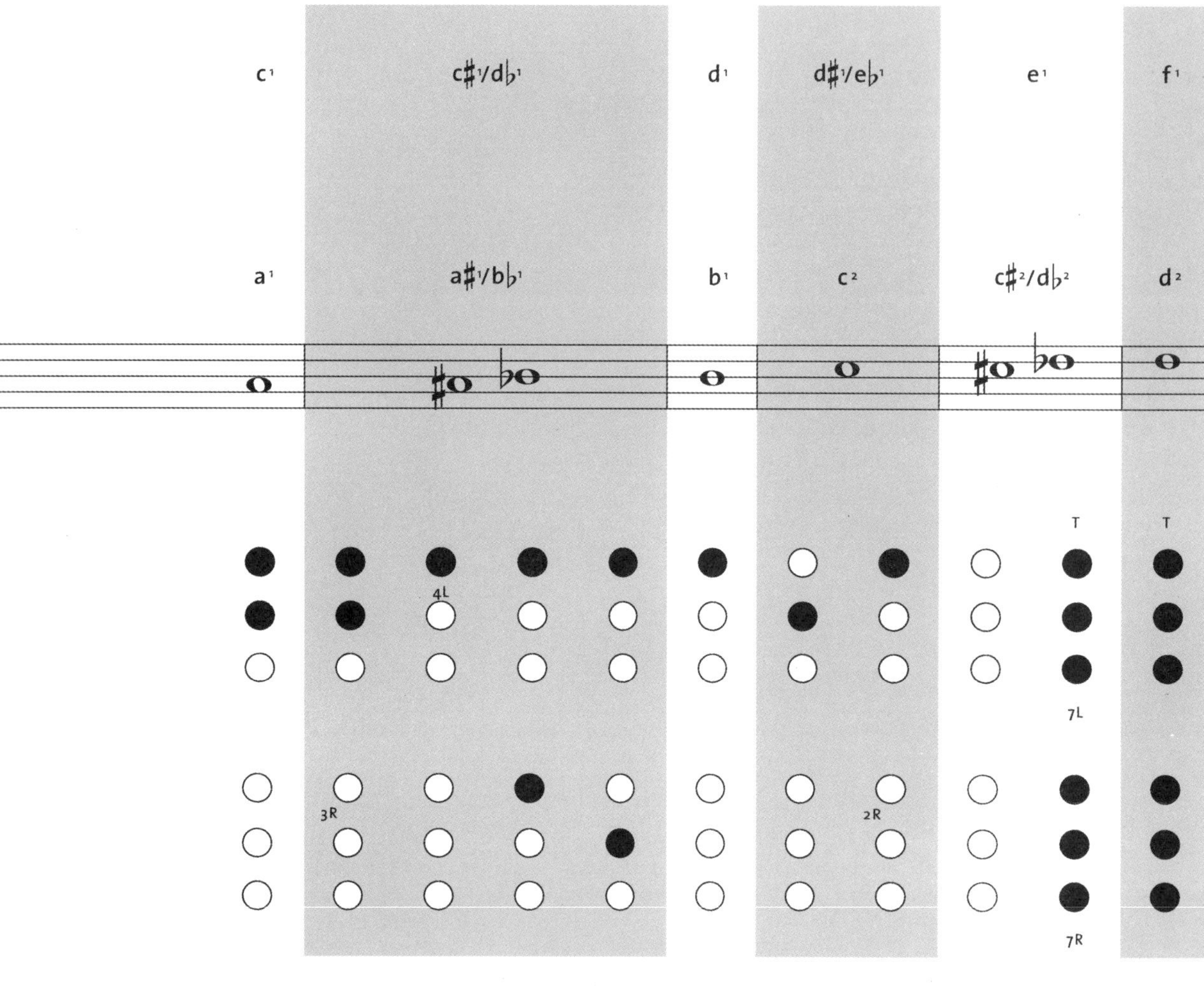

c¹
c#¹/d♭¹
d¹
d#¹/e♭¹
e¹
f¹
a¹
a#¹/b♭¹
b¹
c²
c#²/d♭²
d²
4L
3R
2R
T
T
7L
7R
d²
d#²/e♭²
e²
f²
f#²/g♭²
g²
g#²/a♭²
b²
c³
c#³/d♭³
d³
d#³/e♭³
e³
f³
T
T
T
T
T
T
T
T
T
T
1L
2L
3L
1L
2L
3L
2L
3L
5L
3L
2R
1R
1R

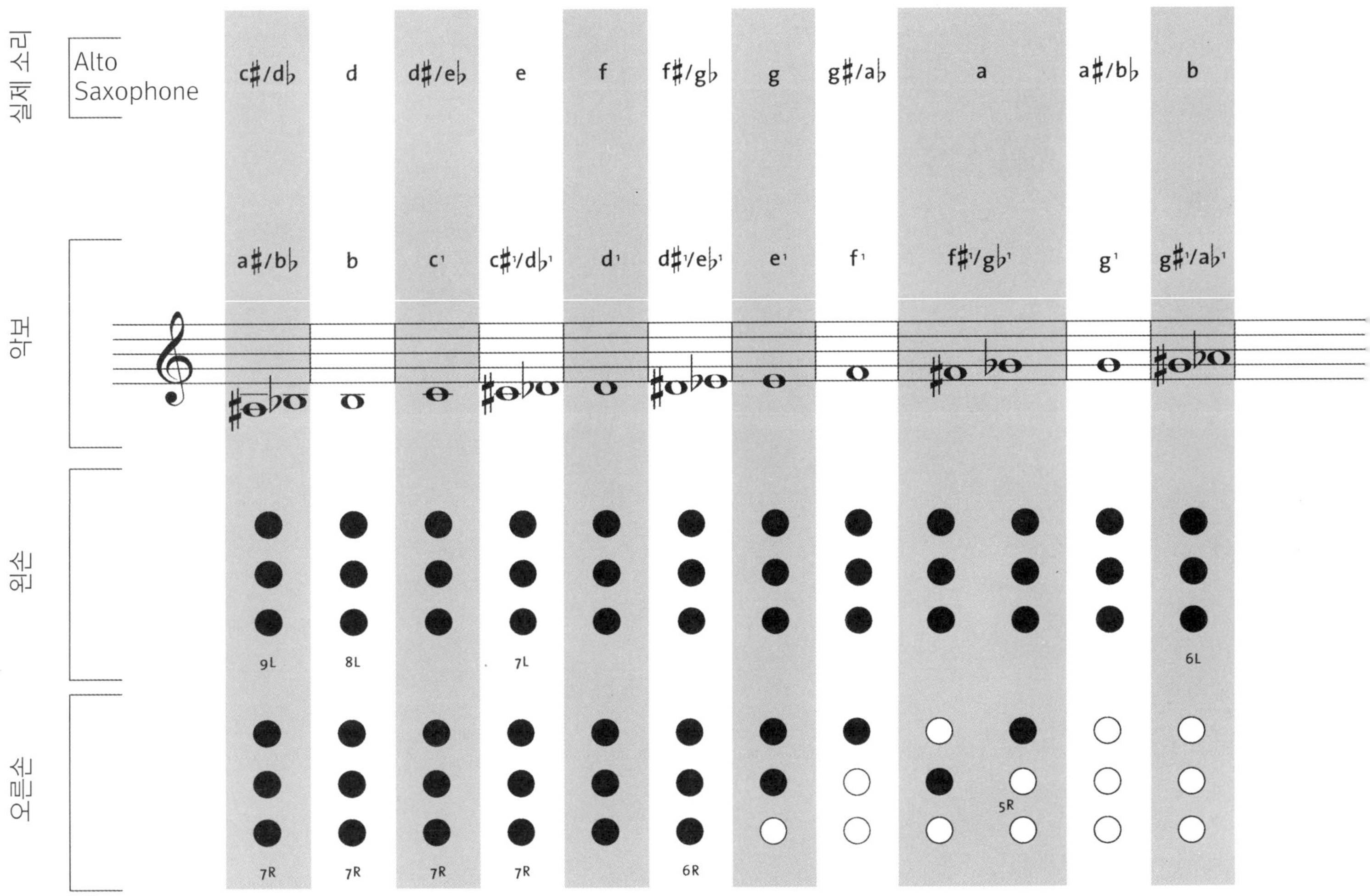

실제소리
Alto Saxophone
c#/d♭   d   d#/e♭   e   f   f#/g♭   g   g#/a♭   a   a#/b♭   b

악보
a#/b♭   b   c¹   c#¹/d♭¹   d¹   d#¹/e♭¹   e¹   f¹   f#¹/g♭¹   g¹   g#¹/a♭¹

왼손
9L   8L   7L   6L

오른손
7R   7R   7R   7R   6R   5R

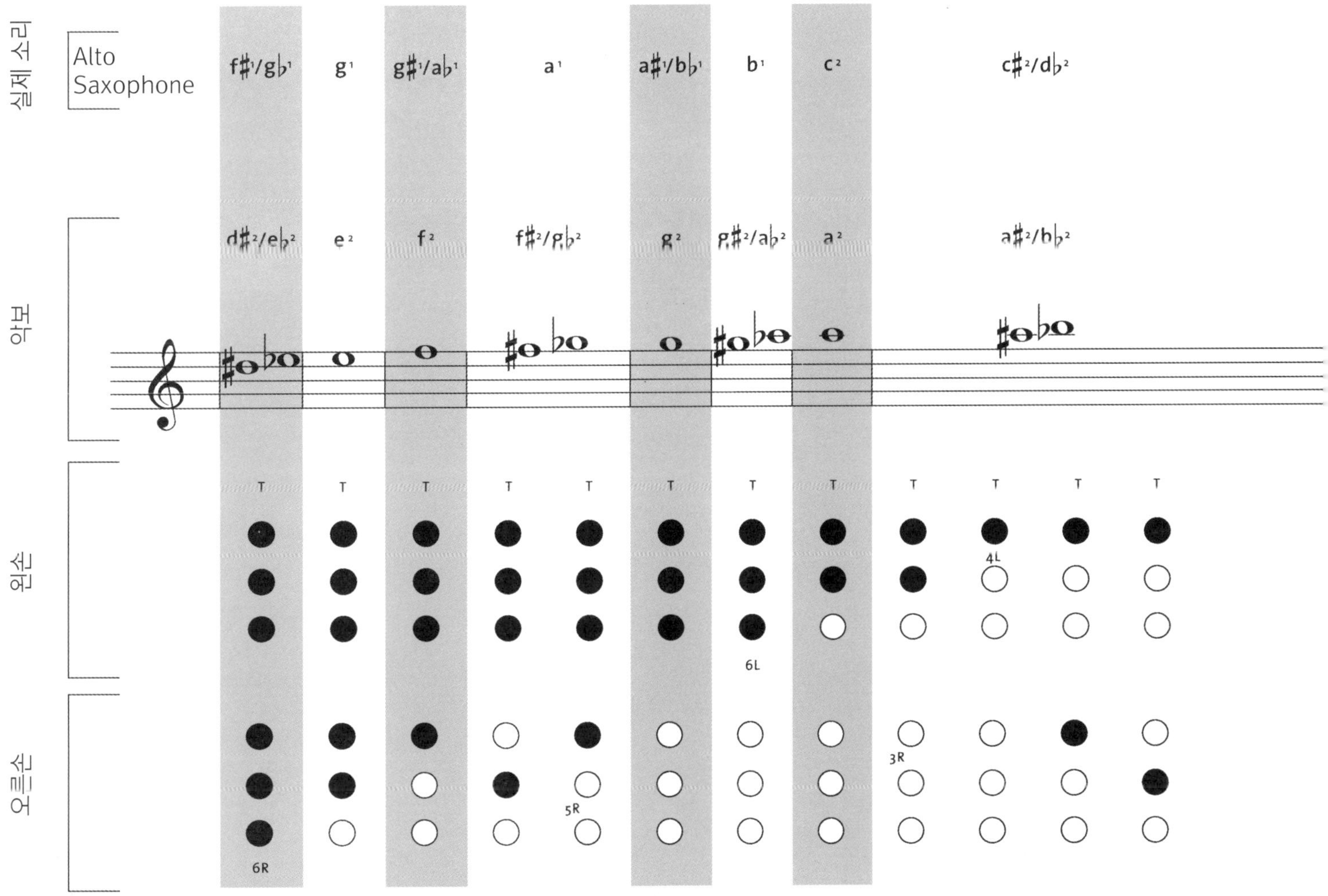

실제소리
Alto Saxophone
f#¹/g♭¹   g¹   g#¹/a♭¹   a¹   a#¹/b♭¹   b¹   c²   c#²/d♭²

악보
d#²/e♭²   e²   f²   f#²/g♭²   g²   g#²/a♭²   a²   a#²/b♭²

왼손
T   T   T   T   T   T   T   T   T   T   T   T
4L
6L

오른손
6R   5R   3R

E♭ 바리톤
(E♭ Baritone
saxophone)
B♭ 테너
(B♭ Tener
saxophone)
Pictures courtsey of Yamaha-Kemble Music